中等职业院校汽车运用与维修专业教学改革创新教材

汽车空调系统维修
理实一体化教材

(第2版)

中国汽车工程学会◎**组织编写**

方作棋　王科东◎**主　　编**

王瑞君◎**主　　审**

人民交通出版社股份有限公司

北　京

内 容 提 要

本书是国家示范性中等职业学校重点建设专业教材,涵盖了汽车空调维修的基本理论、汽车空调的基本维护、常用及专用工具的使用共计十个任务的内容,各个任务都配有工作记录表与工作考评表。

本书适合中等职业学校汽车运用与维修专业教学使用,从事汽车维修的相关技术人员也可参考使用。

图书在版编目(CIP)数据

汽车空调系统维修理实一体化教材/方作棋,王科东主编.—2 版.—北京:人民交通出版社股份有限公司,2021.8

ISBN 978-7-114-17184-0

Ⅰ.①汽⋯ Ⅱ.①方⋯②王⋯ Ⅲ.①汽车空调—车辆修理—中等专业学校—教材 Ⅳ.①U472.41

中国版本图书馆 CIP 数据核字(2021)第 054137 号

Qiche Kongtiao Xitong Weixiu Lishi Yitihua Jiaocai

书　　　名:**汽车空调系统维修理实一体化教材(第2版)**
著　作　者:方作棋　王科东
责任编辑:李　良
责任校对:赵媛媛
责任印制:张　凯
出版发行:人民交通出版社股份有限公司
地　　　址:(100011)北京市朝阳区安定门外外馆斜街 3 号
网　　　址:http://www.ccpcl.com.cn
销售电话:(010)59757973
总 经 销:人民交通出版社股份有限公司发行部
经　　　销:各地新华书店
印　　　刷:北京市密东印刷有限公司
开　　　本:880×1230　1/16
印　　　张:9.25
字　　　数:202 千
版　　　次:2014 年 7 月　第 1 版
　　　　　　2021 年 8 月　第 2 版
印　　　次:2021 年 8 月　第 2 版　第 1 次印刷　累计第 6 次印刷
书　　　号:ISBN 978-7-114-17184-0
定　　　价:26.00 元

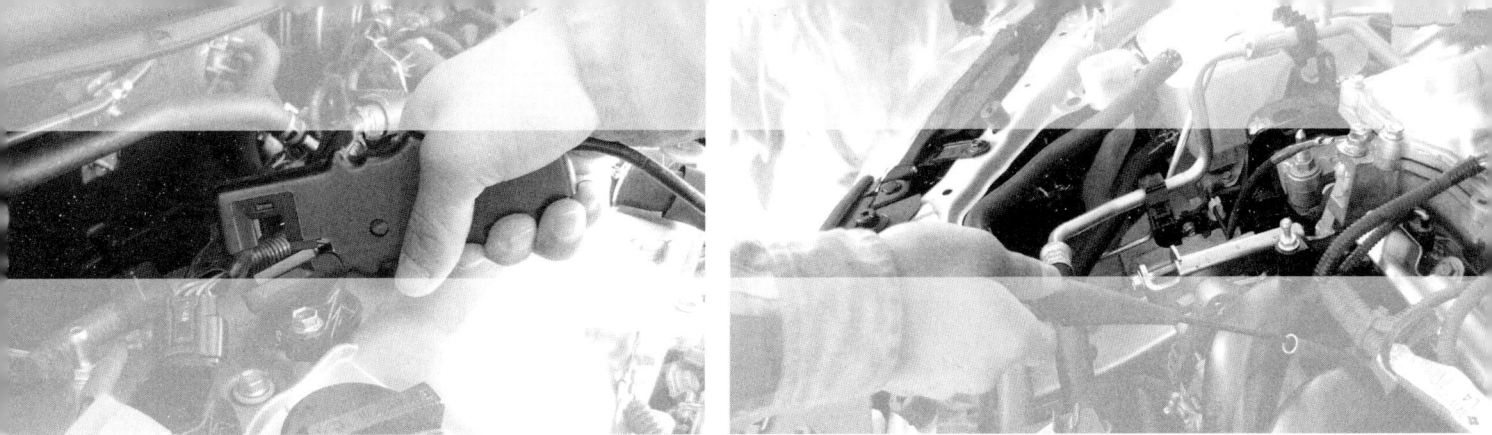

序

　　我国的汽车保有量急剧增加，公路交通建设快速发展，这对汽车维修等汽车后市场的发展提出了更高的要求。近年来，尽管我国职业教育取得了很大的成就，但是有些职业院校的教学并没有完全反映企业的实际需求和学生的职业发展规律。职业教育的"职业性"不强，这已成为困扰职业教育适应行业企业发展需要的瓶颈问题。

　　事实上，这并不是我国所独有的问题，世界各国和地区也都在通过不同手段探索相应的解决方案。20世纪末，大众、宝马、福特、保时捷等六大国际汽车制造巨头曾在德国提出过一个《职业教育改革七点计划》，建议职业教育应在以下七个方面做出努力：

　　1. 加强文化基础教育——为青年人的生涯发展打下良好基础，包括掌握基本文化基础和关键能力。

　　2. 资格鉴定考试中加强定性评估——将职业资格鉴定与企业人力开发措施结合起来，资格考试按照行动导向和设计（Shaping）导向的原则进行。

　　3. 传授工作过程知识——职业院校应针对特定的工作过程传授专业知识，采用综合性的案例教学，并着力培养团队能力。

　　4. 学校和企业功能的重新定位——通过学校和企业的共同努力，提高职业教育质量：学校是终身学习的服务机构，企业成为学习化的企业。

　　5. 采用灵活的课程模式——通过核心专业课程奠定统一而扎实的专业基础，必要时包含具有地方和企业特征的教学内容。

　　6. 职业教育国际化——建立学校教育和企业培训质量互认，促进各国职业资格证书的可比性和透明度。

　　7. 促进校企合作的发展——企业和职业院校合作创办高水平职业教育机构，促进贴近工作岗位的职业教育典型实验和相关研究。

　　这一建议至今看来都有十分重要的借鉴意义。职业院校以市场和需求为导向的课程和教材建设，应当从专业所面向的职业工作任务出发，明确学习目标和学习内容，从而为学生的就业和职业生涯发展奠定必要的基础，这无论是在理论上还是实践上都面临着巨大的挑战。这里不仅要引入先进的职业教育理念，需要丰富的职业实践经验，而且需要把先进、实用的技术有针对性地与职业院校的教学工作有机结合起来。

中国汽车工程学会组织编写的这套教材在以上方面进行了有益的探索。教材充分利用了"蕴藏在实际工作任务的教和学的潜力",按照工作组织安排学习,可以为学习者提供面向实际的学习机会。希望这套教材的出版不但能帮助职业院校更快、更好、更容易地培养出社会急需的技能型人才,而且也能为我国职业教育的教学改革提供有价值的经验。

北京师范大学职业与成人教育研究所

第2版前言

本套教材第 1 版是由中国汽车工程学会汽车应用与服务分会与宁波市鄞州职业高级中学于 2010 年合作编写完成。中国汽车工程学会汽车应用与服务分会的指导专家主要从"教什么"入手,结合一线教师企业调研提炼汽车维修的"典型工作任务",之后围绕这些典型工作任务逐项提升教师自身的动手能力;在帮助教师熟练掌握维修技能后,指导他们将典型工作任务转化为学习任务,并据此设计课程,编写教材,解决了"怎么教"的问题。教材自出版以来,反馈良好,已数次重印。

本套教材以最基本的汽车维护实训项目、最典型的汽车"发底电"维修检测实训项目以及为完成以上维修项目所必须掌握的汽车维修基础技能实训项目为出发点,以任务式的模式来开展汽车维修理实一体化的教学工作,旨在使学生学习过程中,能将知识与技能融合起来,理论支撑实践,实践巩固理论。同时本套教材注重体现汽车服务企业的 5S 管理,以使学生在掌握技能的同时提高职业素养。

近年来,汽车行业飞速发展,职教改革不断深入,对汽车专业的教学提出了新的要求。因此,人民交通出版社股份有限公司于 2016 年启动了本套教材的第一批修订工作,于 2019 年启动了第二批修订工作。本次修订结合了一线教师教学过程的总结与企业实践的思考,对第 1 版中部分不尽合理的操作步骤做了调整,对表述不规范的地方做了修改,对读者反馈的问题做了梳理,使内容更加规范合理,更加贴近教学要求。本次修订工作的主要特点有:

(1)在实训项目的选取上,继承前版教材的优良经验。紧扣中等职业学校汽车维修专业的培养目标,充分体现"必需、够用"原则,同时完全贴合教育部"全国职业院校技能大赛"中职汽车维修专业的比赛项目。

(2)在教学内容的设计上,紧扣理实一体化的教学需求。以图文并茂的形式展现技能教学的全过程,每个步骤中都有要领提示,强化汽车维修作业的规范性和作业技巧,任务的最后设计了技能考核的参考标准,以辅助教学效果的考评。同时,此次修订对任务内容进行了微调,以使其更加符合学生的认知习惯。

(3)为了满足汽车技术不断发展对学生知识与技能与新要求,本次修订重点关注了汽车领域的相关新技术,适当增加了部分新能源汽车、智能网联汽车等新兴汽车领域的相关知识。

(4)对第 1 版中的错漏部分进行了修订。

(5)重要知识点旁配置了二维码,扫码可观看该知识点的动画或视频,可使教学更加立体化。

本书由宁波鄞州职业高级中学方作棋、王科东担任主编,由宁波鄞州职业高级中学王瑞君担任主审,朱军老师和李东江老师对本书的编写工作提供了大力支持和帮助,在此表示衷心的感谢。

限于编者的经历和水平,书中难免有不妥或错误之处,敬请广大读者批评指正,提出修改意见和建议,以便再版修订时改正。

编　者
2020 年 12 月

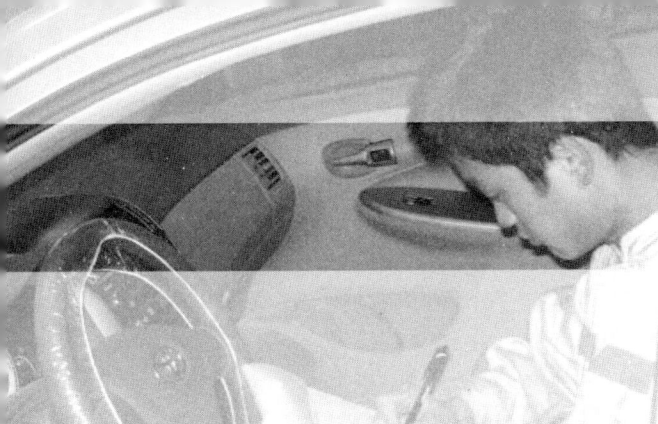

目录 CONTENTS

绪　论

一 汽车空调系统的作用

汽车空调是汽车内部空气调节的简称,其作用是随着气候环境的变化调节汽车车厢内空气的温度、湿度、流速、清洁度,同时有防止风窗玻璃上结雾、结霜或结冰的作用,在特殊气候条件下最大限度地保证车内人员的舒适、安全和视野。

汽车空调
功用

二 汽车空调系统的基本组成

汽车空调系统主要包括制冷系统、暖风系统、通风系统、空气净化系统和控制系统五个基本部分,实现对驾驶室内的空气调节。

(1)制冷系统:采用 R134a 环保制冷剂回路,实现对驾驶室内的空气进行制冷、除湿的功能,如下图所示。

制冷装置

(2)暖风系统:采用发动机冷却液为热源,对驾驶室内的空气进行加热,在寒冬季节为前风窗玻璃和前门玻璃除霜,阴雨天气为风窗玻璃除雾,如下图所示。

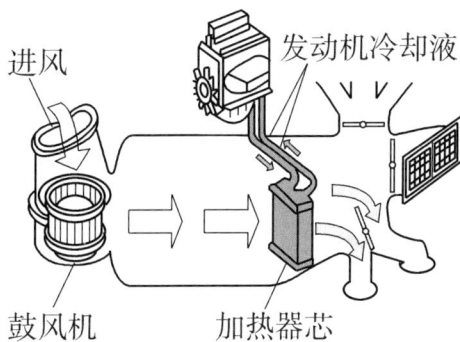

进风　发动机冷却液

鼓风机　加热器芯

(3)通风系统:由进风口、鼓风机、风门、风道空气滤清器、出风口、出风栅格构成,对驾驶室内的空气进行净化并有强制通风的功能,如下图所示。

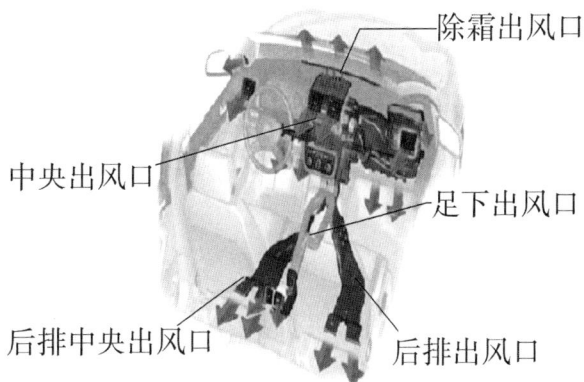

除霜出风口

中央出风口

足下出风口

后排中央出风口

后排出风口

(4)空气净化系统:除去车内空气中的尘埃、臭味、烟气及有毒气体,使车内空气变得清洁,如右图所示。

(5)控制系统:以空调控制面板和发动机电控单元(ECM)为核心,通过空调控制模式的设定值与车内外空气环境条件值的对比计算,从而实现对以上4个系统的整体控制,以满足乘车的舒适性。

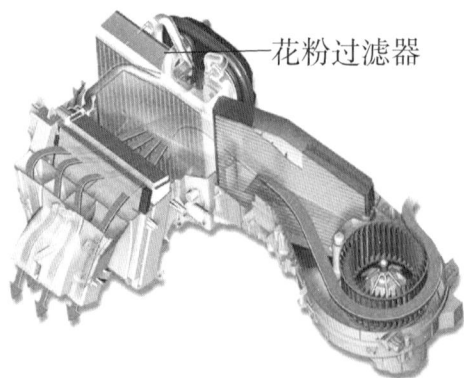

花粉过滤器

三 汽车空调制冷系统

1 汽车空调制冷系统的基本组成

空调制冷系统主要由压缩机、冷凝器、储液干燥器、压力开关、膨胀阀、蒸发器等部件组成,如下图所示。

空调系统组成

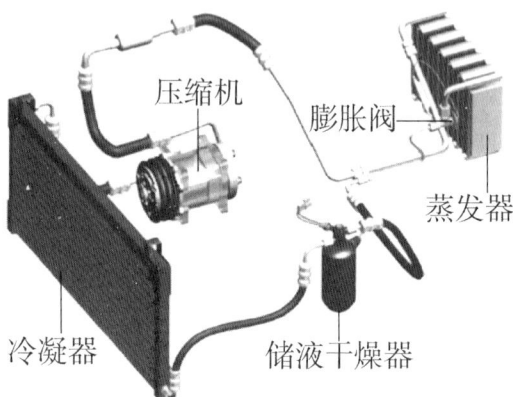

压缩机
膨胀阀
蒸发器
冷凝器
储液干燥器

2 空调制冷系统部件实车位置介绍

(1)压缩机:压缩机是空调制冷系统的心脏,能使制冷剂在系统中循环。从蒸发器流出来的是因吸热而蒸发形成的低温低压的气态制冷剂,在压缩机的作用下,压缩为高温高压的气态制冷剂,并使气态制冷剂进入冷凝器中。压缩机的管路连接如下图所示,卡罗拉轿

空调压缩机结构

车的压缩机实车位置如下图所示。

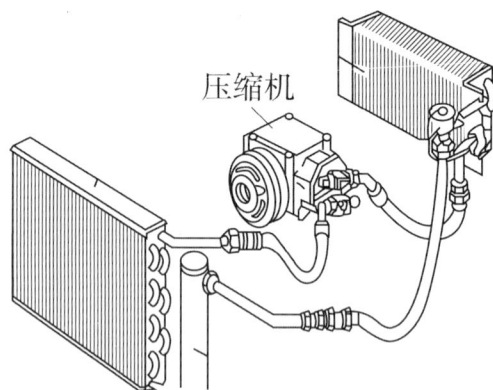

压缩机

(2)冷凝器:冷凝器的作用是充当一个热交换器,将制冷剂所含的热量散发出去。过热的制冷剂蒸气从冷凝器顶部进入,经冷凝器散热后变为液态的制冷剂液体,再

冷凝器结构

从冷凝器底部流出。冷凝器的管路连接如下图所示,卡罗拉轿车的冷凝器实车位置如下图所示。

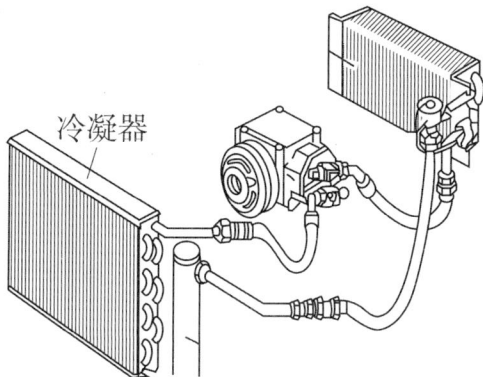

(3)膨胀阀:膨胀阀为汽车空调制冷系统的主要机件之一,其接受由储液器送来的高压液态制冷剂,经由膨胀阀内部狭窄的孔道后变成低压雾态制冷剂,膨胀阀能随着蒸发器热负荷的大小自动调整进入蒸发器的制冷量,使蒸发器发挥最大冷却效率,并在制冷系统正常运转时保持车厢内一定的温度。膨胀阀的管路连接如下图所示,卡罗拉轿车的膨胀阀实车位置如下图所示。

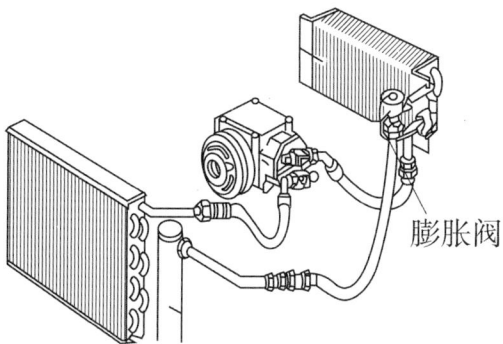

(4)蒸发器:蒸发器的结构与冷凝器相似。蒸发器的功能是提供足够大的表面积,以便让车厢内部的空气流过蒸发器表面时,能将热量传递给内部的制冷剂,经过蒸发器降温后的空气继续吹到车厢内部,实现降温效果。蒸发器的管路连接如下图所示,卡罗拉轿车的蒸发器实车位置如下图所示。

蒸发器结构

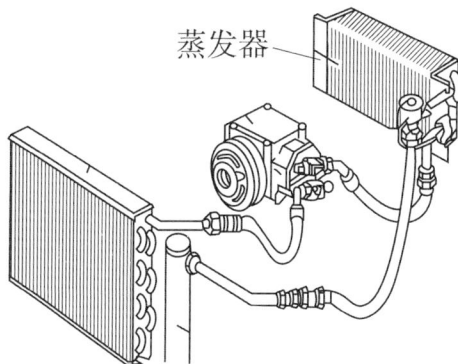

3 汽车空调制冷系统的工作原理

空调的设计引用了物理学上的基本概

念,即物质的物理状态会发生变化,如下图所示。当某种物质的物理状态由液态转变为气态(即蒸发)时,此物质必定要从周围吸收足够的热量;当某种物质的物理状态由气态转变为液态(即液化)时,此物质必定要向周围放出足够的热量。

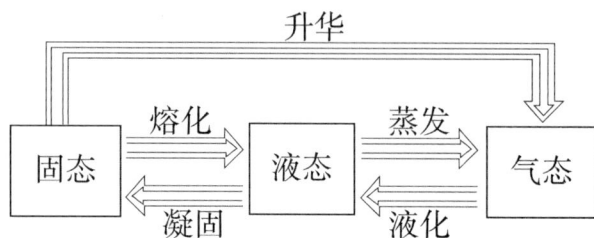

升华

固态 —熔化→ 液态 —蒸发→ 气态
气态 —液化→ 液态 —凝固→ 固态

四 空调的发展及前沿技术

目前新能源汽车的空调主要分成两种:第一种是电动压缩机制冷 + PTC 电加热供暖组合;第二种是热泵空调。

1 电动压缩机 + PTC 组合(以北汽 EV 为例)

汽车空调系统中重要的问题是制冷系统的"冷源"及供暖系统中的"热源",新能源汽车空调系统的"冷源""热源"产生方式,与传统燃油汽车空调系统存在一定的区别。特别是纯电动汽车是以车辆的动力电池作为能量供给的来源,它采用独立的制冷、制热系统来满足车厢内空气温度、湿度的调节需求。

当温度调整在制冷模式下,电动压缩机工作;当温度调节旋钮旋至制热挡位,同时将鼓风机开启,此时空调系统进行车厢供暖。空调控制器触发 PTC 加热器工作,冷暖风门翻板开启适当角度让部分空气流过 PTC 加热器进行加热,从 PTC 加热器流出的热空气进入风道与空气混合成温度适宜的空气流,从相关模式风门出风口吹出,进入车厢实现供暖,如右图所示。

在空调系统的供暖方面,车辆的热源主要是通过大功率 PTC 加热器(下图)将动力电池的高压直流电转化为热能获得的,该加热器具有迅速升温且转化效率高等优点。缺陷也很明显,就是耗能大。

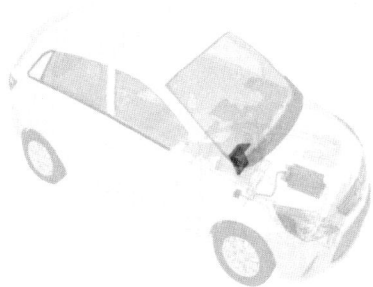

2　热泵空调

热泵系统集制冷、制热为一体,具有高效、节能、环保等优点,成为国内外专家研究的热点。就目前整个汽车空调行业在没有新的标准和更加合适工质情况下,R134a的热泵空调仍然是行业首选,但其并不环保,所以需要对新型环保工质不断探索。CO_2作为天然环保制冷剂越来越受到青睐,所以CO_2热泵型纯电动汽车空调系统也逐渐成为研究的热点。热泵空调的工作原理如下图所示。

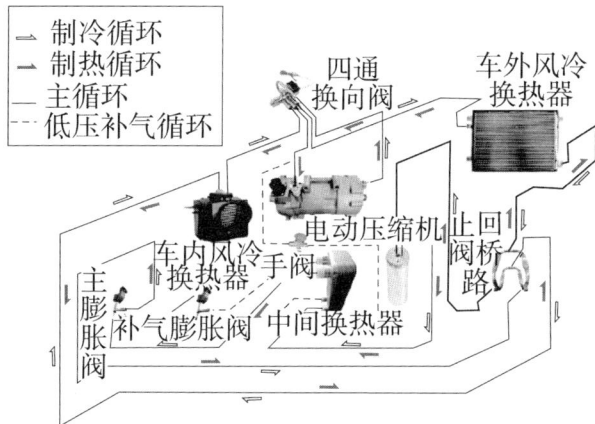

当系统在制冷模式下运行时,压缩机排出的高温高压气态制冷剂经四通换向阀进入车外风冷换热器换热以后,依次进入储液干燥器和中间换热器,从中间换热器出来的热泵工质分为两路:一路经主路膨胀阀节流降压进入车内风冷换热器,通过四通换向阀返回压缩机;一路经补气膨胀阀再次进入中间换热器,对主路的制冷剂进行过冷处理并对压缩机进行补气,实现空调的制冷。

当系统在制热模式下运行时,压缩机排出的高温高压气态制冷剂经四通换向阀进入车内风冷换热器换热以后,依次进入储液干燥器和中间换热器,从中间换热器出来的制冷剂分为两路:一路经主路膨胀阀节流降压进入车外风冷换热器,通过四通换向阀返回压缩机;一路经补气膨胀阀再次进入中间换热器,对主路的制冷剂进行冷处理并对压缩机进行补气,实现空调的制热。

3　两种类型的空调能耗对比

蔚来ES8(下图)采用了前置5.5kW、后置3.7kW的双PTC组合,以当前主流的续航300km平均带电量35kW为例,按平均30km/h的城市车速行驶和2kW的PTC加热,续航里程将缩减为191km,减少36%。

仍以续航300km带电35kW的典型电动车吉利几何C(下图)为例,使用热泵空调将加热功率下降至1kW,则续航里程减少为233km,远高于PTC制冷的191km。可见在动力电池没有突破性进展的情况下要保证低能耗制热,热泵空调是为数不多的有效技术。

任务1　感知汽车空调

一　情景导入

有两辆卡罗拉轿车,一辆开着空调,一辆不开空调,让学生体验一下汽车空调带给他们的感觉。

二　知识链接

车内环境包括车厢内空气的温度、相对湿度、流速、清洁度,同时应防止风窗玻璃结雾、结霜或结冰,这样才使汽车在特殊气候条件下最大限度地保证车内人员的舒适、安全和视野。

(1)温度。人体适宜的温度:夏季 22 ~ 28℃,冬季 16 ~ 18℃。温度低,人的动作会僵硬;温度高,精神就会不集中。这些都容易造成交通事故。

(2)相对湿度。人体适宜的湿度:夏季 50% ~ 60%,冬季 40% ~ 50%。湿度低,皮肤会痒,出湿疹;湿度高,皮肤会干燥,产生静电。

(3)流速。室内空气流动是影响人体热舒适的重要因素。在温度湿度较高的场合,通过加强室内空气流动保证热舒适是最简单的节能途径,这就是为什么在同一温度下,人在有流动空气的环境中比在不流动空气的环境中感觉舒适。

(4)清洁度。大气清洁度是以二氧化硫、氮氧化物和总悬浮颗粒物三种污染因子的综合作用来表示大气清洁的程度。按划分等级:0 ~ 50,Ⅰ级为优,可正常活动;51 ~ 100,Ⅱ级为良,可正常活动;100 ~ 200,Ⅲ级为普通(轻度污染),长期接触,易感人群症状有轻度加剧,健康人群出现刺激症状;200 ~ 300,Ⅳ级为不佳(中度污染),人接触一定时间后,心脏病和肺病患者症状显著加剧,运动耐受力降低,健康人群中普遍出现症状;300,Ⅴ级为差(严重污染),健康人群除出现较强烈症状、降低运动耐受力外,长期接触会提前出现某些疾病。

三　实训时间

实训时间为 10min。

四 实训教学目标

(1)了解汽车空调的评价指标。　　　　(2)掌握汽车空调面板的基本操作。

五 技术标准与要求

(1)确保操作人员及设备安全。

(2)起动发动机时确保驻车制动器拉起,变速杆置于P挡。

(3)使用风速计测量风速与温度时,参照仪器使用说明书。

六 实训器材

卡罗拉轿车

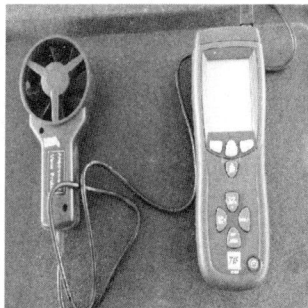

风速计

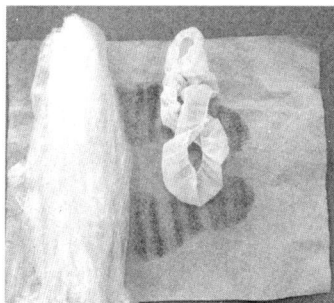

室内三件套

七 教学组织

1 教学组织形式

本课程为"工艺化"实训课,实训教师1名,学生18名,实训室共有3个实训工位,按照6人1个工位编组。

2 学生的站位分工和要求

学员按指定的工位站立,按教师的指令同时进行独立的操作。

3 实训教师职责

播放教学视频,并讲解实训项目的操作步骤和相关的注意事项;下达"开始操作"口令;巡视、检查、指导和纠正学生操作中的错误;课堂总结;组织学生对实训室进行清洁整理。

4 学生职责

认真观看教学视频;完成教师布置的任务;做好课后的清洁整理工作。

八 操作步骤

第一步 作业前准备

1 学员清洁、整理工位,准备好相关的工具和物品。

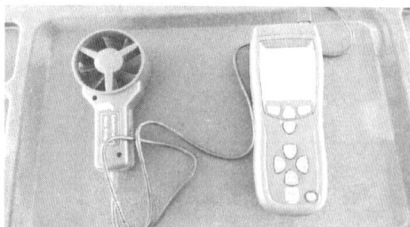

提示

本次操作学员需要的设备有车轮挡块、室内三件套、翼子板布、风速计。

2 学生按队列形式站立在实训车辆两边。

提示

学员应穿实训服,站到指定的工位。

3 安装汽车维修防护设备。

提示

（1）安装尾气排气抽气管。

（2）安装车轮挡块。

（3）安装室内座椅套、转向盘套、地板垫。

第二步 汽车空调面板介绍

1 汽车空调控制面板总成位置图。

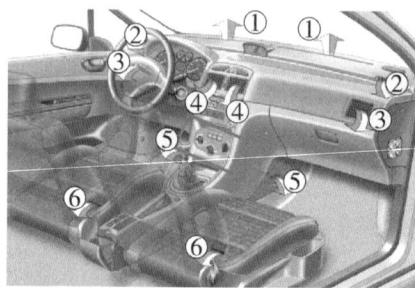

提示

（1）该实训车为手动空调,安装在中控仪表台中间位置。

（2）各箭头表示相应出风口位置。

2 汽车空调控制面板总成介绍图。

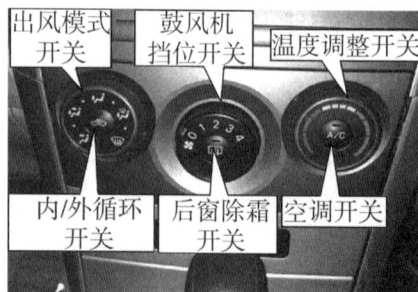

| 出风模式开关 | 鼓风机挡位开关 | 温度调整开关 |

| 内/外循环开关 | 后窗除霜开关 | 空调开关 |

提示

手动空调主要由出风模式开关、鼓风机挡位开关、温度调整开关、A/C 开关、内外循环开关和后窗除霜开关组成。

3 出风模式开关介绍图。

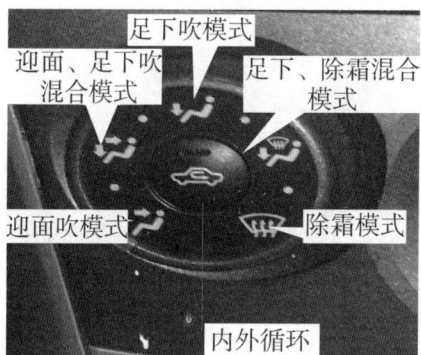

提示

(1)出风模式开关外圈可以旋转,当白点旋到某个出风模式,相应的出风口就可以出风。

(2)出风模式开关内部有内外循环开关,主要是控制空调的进气口位置在车内还是在车外。

4 温度调整开关介绍图。

提示

(1)蓝色区域为制冷区域,左侧最低部为温度最冷区域。

(2)中间区域为混合区域,也可称为自然风区域。

(3)红色区域为制热区域,右侧最低为温度最高区域。

5 鼓风机挡位开关介绍图。

提示

旋转鼓风机挡位开关,可以使鼓风机处于1挡、2挡、3挡、4挡。1挡风速最小,4挡风度最大。改变风速,挡位越高,风速越大。

第三步 汽车空调效果感知

1 起动车辆、不开启空调。

提示

(1)起动车辆前注意观察驻车制动器在拉起状态、挡位在P位。

(2)起动后将发动机预热,冷却液温度达到正常工作温度。

2 将风速传感器迎面对照中央出风口。

提示

(1)风速传感器正面对准出风口。

(2)出风方向与风速计标识的方向一致。

(3)此时测量出风风速接近于0m/s,仪器屏幕显示出风温度为目前在测的环境温度28℃。

3 起动汽车空调。

提示

(1)鼓风机挡位开关在1位置。

(2)按下空调A/C开关、指示灯转为点亮状态。

4 将手背面置于中央出风口处,感受出风口温度。

5 鼓风机在1挡位时的工作状态。

提示

以目前教学训练时间点为例:此时出风口出风风速为2.0m/s,出风温度为28℃。

6 鼓风机在2挡位时的工作状态。

提示

(1)将鼓风机从1挡位转到2挡位,风速传感器放置位置不用挪动,否则就会产生误差。

(2)当挡位转变以后,风速计应停留5s,待数值稳定再作记录。

7 风速计显示此时出风口的风速和温度。

提示

以目前教学训练时间点为例：此时出风风速为3.5m/s，出风温度为28℃。

8 鼓风机在3挡位时的工作状态。

提示

（1）将鼓风机从2挡位转到3挡位，风速传感器放置位置不用挪动，否则就会产生误差。

（2）当挡位转变以后，风速计应停留5s，待数值稳定再作记录。

9 风速计显示此时出风口的风速和温度。

提示

以目前教学训练时间点为例：此时出风风速为6.34m/s，出风温度为28℃。

10 鼓风机在4挡位时的工作状态。

提示

（1）将鼓风机从3挡位转到4挡位，风速传感器放置位置不用挪动，否则就会产生误差。

（2）当挡位转变以后，风速计应停留5s，待数值稳定再作记录。

11 风速计显示此时出风口的风速和温度。

提示

以目前教学训练时间点为例：此时出风风速为8m/s，出风温度为28℃。

12 将鼓风机挡位停留在4挡位不变，测量正面吹模式下不同风道的出风风速。

提示

（1）测量时，传感器放置的位置尽可能一致。

（2）由于风道离鼓风机元件距离的原因，所以正面吹模式下不同风道口的风速有一定的大小差异。

13 记录风速计采集的数据。

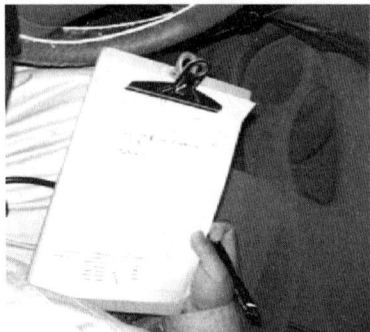

提示

采集数据是为后期故障诊断提供重要依据。

14 将模式开关转动到除霜模式,测量除霜出风口风速。

提示

(1)当模式转变以后,风速传感器尽可能垂直前风窗玻璃,测量时停留5s,待数值稳定再作记录。

(2)除霜模式有三个出风口,包括前风窗玻璃出风口、两侧的车窗玻璃出风口。

15 风速计显示此时出风口的风速和温度。

提示

此时出风风速为 5m/s,出风温度为 28℃。

16 将模式开关转动到足下模式,测量足下吹出风口风速。

提示

(1)当模式转变以后,风速传感器尽可能垂直于各出风口,测量时停留5s,待数值稳定再作记录。

(2)足下吹模式有四个出风口,包括主、副驾驶侧下部出风口,主、副座椅下方的后排出风口。

17 风速计显示此时出风口的风速和温度。

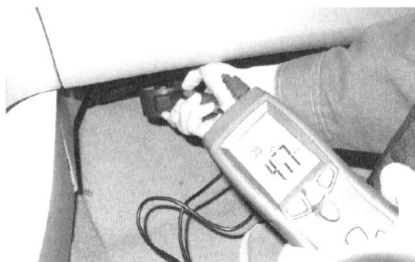

提示

此时出风风速为 4.7m/s,出风温度为 28℃。

18 关闭空调,将发动机熄火。

第四步 ▷ 整理、整顿

整理工位。

提示

(1) 整理设备、工具。
(2) 整理汽车、清洁汽车。
(3) 将汽车停入指定的位置。
(4) 将工具放回指定的位置。

九 考核标准

1 工作记录表

感知汽车空调记录表

汽车型号		学生姓名	
发动机型号		VIN 编号	
未开空调		开启空调	

未开空调	开启空调
一、鼓风机挡位(m/s) 1 挡: 　2 挡: 　3 挡: 　4 挡:	一、鼓风机挡位(m/s) 1 挡: 　2 挡: 　3 挡: 　4 挡:
二、模式位置 迎面吹:	二、模式位置 迎面吹:
足下吹:	足下吹:
除霜:	除霜:

2 工作考评表

感知汽车空调考评表

考评人　　　　　操作人　　　　　日期　　　　　时间

考核时间	操作步骤	序号	考核项目	满分(分)	评分标准	得分
10min	第一步 作业前准备	1	着装规范	4	酌情扣分	
		2	作业前整理工位	4	酌情扣分	
		3	仪器面板的检查	4	检查不到位扣4分	
		4	仪器面板的使用	4	工具选取不当扣4分	
		5	起动发动机	3	操作不当扣3分	
	第二步 未开空调效果感知	6	将风速传感器迎面对照中央出风口	1	工具选取不当扣1分	
		7	鼓风机处于0挡位位置	1	酌情扣分	
		8	测量出风口的风速和温度	1	酌情扣分	
		9	鼓风机处于1挡位位置	1	酌情扣分	
		10	测量出风口的风速和温度	1	检查不到位扣1分	
		11	鼓风机处于2挡位位置	1	操作不当扣1分	
		12	测量出风口的风速和温度	1	酌情扣分	
		13	鼓风机处于3挡位位置	1	酌情扣分	
		14	测量出风口的风速和温度	1	酌情扣分	
		15	鼓风机处于4挡位位置	1	酌情扣分	
		16	测量出风口的风速和温度	1	检查不到位扣1分	
		17	测量迎面吹各出风口的风速和温度	3	检查不到位扣3分	

续上表

考核时间	操作步骤	序号	考核项目	满分（分）	评分标准	得分
10min	第二步 未开空调效果感知	18	对测量的数据进行记录	3	酌情扣分	
		19	测量在鼓风机相同挡位下不同出风模式下的风速值	2	酌情扣分	
		20	模式开关处于足下吹模式下位置	2	酌情扣分	
		21	测量出风口的风速和温度	2	酌情扣分	
		22	模式开关处于除霜模式下位置	2	酌情扣分	
		23	测量出风口的风速和温度	1	检查不到位扣1分	
		24	对测量的数据进行记录	2	酌情扣分	
	第三步 打开空调效果感知	25	将风速传感器迎面对照中央出风口	1	酌情扣分	
		26	鼓风机处于0挡位位置	1	酌情扣分	
		27	测量出风口的风速和温度	1	检查不到位扣1分	
		28	鼓风机处于1挡位位置	1	酌情扣分	
		29	测量出风口的风速和温度	1	酌情扣分	
		30	鼓风机处于2挡位位置	1	酌情扣分	
		31	测量出风口的风速和温度	1	酌情扣分	
		32	鼓风机处于3挡位位置	1	酌情扣分	
		33	测量出风口的风速和温度	1	检查不到位扣1分	

考核时间	操作步骤	序号	考核项目	满分(分)	评分标准	得分
10min	第三步 打开空调效果感知	34	鼓风机处于4挡位位置	1	酌情扣分	
		35	测量出风口的风速和温度	1	检查不到位扣1分	
		36	测量迎面吹各出风口的风速和温度	3	检查不到位扣3分	
		37	对测量的数据进行记录	3	酌情扣分	
		38	测量在鼓风机相同挡位下不同出风模式下的风速值	2	酌情扣分	
		39	模式开关处于足下吹模式下位置	2	酌情扣分	
		40	测量出风口的风速和温度	2	酌情扣分	
		41	模式开关处于除霜模式下位置	2	酌情扣分	
		42	测量出风口的风速和温度	2	酌情扣分	
		43	对测量的数据进行记录	3	检查不到位扣3分	
	其他	44	整理工作台	8	操作不当扣4分	
		45	安全操作	15	零件是否有跌落,若有,每次扣2分;工具是否有损坏,若有,每次扣2分;扣完为止	
		46	操作时间		每超时1min扣2分,超时5min终止考试	
		47	遵守相关安全规范		因违规操作造成人身和设备事故的,总分按0分计	
			分数合计	100	选手实际得分	

任务2 汽车空调的基本维护

一　情景导入

一辆使用两年的卡罗拉轿车,故障现象:夏天开空调时,汽车空调出风风量不如以前足,同时还夹伴有尘土味、霉味等异味,经诊断确认为空调滤芯脏堵,需要更换空调滤芯。

二　知识链接

空调滤芯俗称花粉滤清器,其作用是过滤从外界进入车厢内部的空气,提高车厢内空气的洁净度。空气的杂质包括微小颗粒物、花粉、细菌、工业废气和灰尘等,空调滤芯的作用就是防止这类物质进入破坏空调系统,给车内乘用人员创造良好的空气环境,还有防止玻璃雾化的作用。若没有空调滤芯,灰尘、杂物进入车内后会在高湿温暖的环境下,滋生出霉菌、细菌等,驾驶者长时间呼吸不洁的空气可能会导致头晕、恶心,甚至患上呼吸道疾病。

空调滤芯一般分为两类:普通型空调滤芯和活性炭系列空调滤芯。普通型空调滤芯一般是由一种特定的环保过滤材料经过加工折叠后做成,多为白色单层。活性炭系列空调滤芯是由两面非制造布(无纺布)复合中间夹有微小的颗粒活性炭做成的活性炭滤布,再深加工制作成空调滤芯。汽车空调滤芯的位置一般都装在汽车副驾驶舱前的玻璃下舱位置,如右图所示。

普通型的空调滤芯只能起到抑制灰尘和颗粒物进入的作用。活性炭系列空调滤芯能在空气经过阻流的很短时间段里,利用颗粒活性炭本身的物理性能,吸附空气中其他的微小物和更多的有害物质。所以,活性炭系列空调滤芯的效果要比普通型空调滤芯好很多。空调滤芯的更换时间和周期一般为汽车行驶 8000 ~ 10000km 时更换,也可根据行车的外界环境来定。如果环境干湿度对比大,常年气候干燥,风沙大,应提前更换。

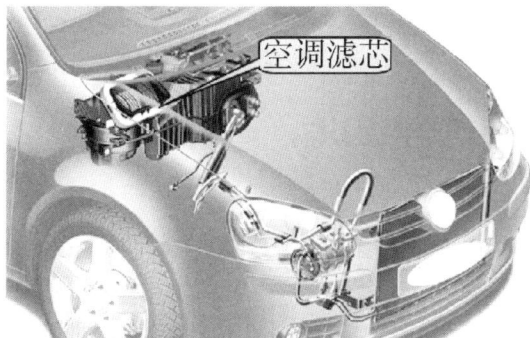

三 实训时间

实训时间为 10min。

四 实训教学目标

(1) 了解汽车空调滤芯的作用。　　　　　(2) 掌握汽车空调滤芯的更换方法。

五 技术标准与要求

(1) 确保操作人员及设备安全。　　　　　(3) 拆装机械部件时,要避免零件的二
(2) 更换空调滤芯时,请使用相同车型　　次损坏。
型号的空调滤芯。

六 实训器材

空调滤芯

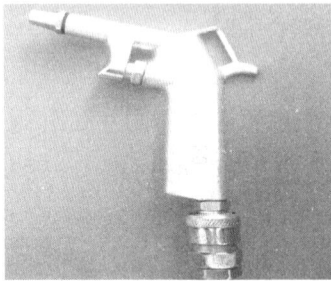

吹气枪

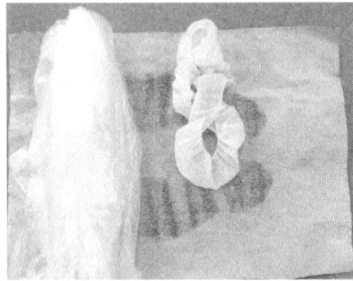

室内三件套

七 教学组织

1 教学组织形式

本课程为"工艺化"实训课,实训教师 1 名,学生 18 名,实训室共有 3 个实训工位,

按照 6 人 1 个工位编组。

2 学生的站位分工和要求

学员按规定的工位站立,按教师的指令

同时进行独立的操作。

③ 实训教师职责

播放教学视频,并讲解实训项目的操作步骤和相关的注意事项;下达"开始操作"口令;巡视、检查、指导和纠正学生操作中的错误;课堂总结;组织学生对实训室进行清洁整理。

④ 学生职责

认真观看教学视频;完成教师布置的任务;做好课后的清洁整理工作。

八 操作步骤

第一步 作业前准备

1 清洁、整理工位,准备工具和设备。

2 学员按队列形式站立在实训车辆两边。

提示

学员应穿实训服,站到指定的工位。

3 安装汽车维修防护设备。

提示

(1)安装尾气排气抽气管。

(2)安装车轮挡块。

(3)安装室内座椅套、转向盘套、地板垫。

第二步 更换空调滤芯

1 打开储物箱。

提示

（1）作业前须得到客户同意后才能打开。

（2）检查储物箱内的物品并作记录,若有贵重物品应提醒客户自己保存。

2 记录车上物品。

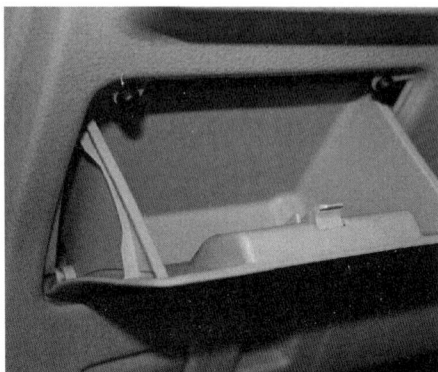

提示

记录储物盒内的物品,并要求客户签字确认,以防维修后留下客户物品丢失隐患。

3 记录车辆的基本信息。

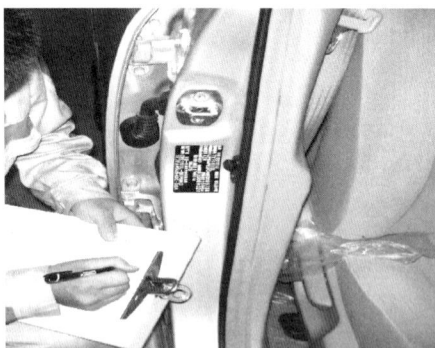

提示

记录维修车辆的信息,以便日后统计,同时把记录的车厢储物盒内物品信息让客户签字注明。

4 脱开储物箱的缓冲装置。

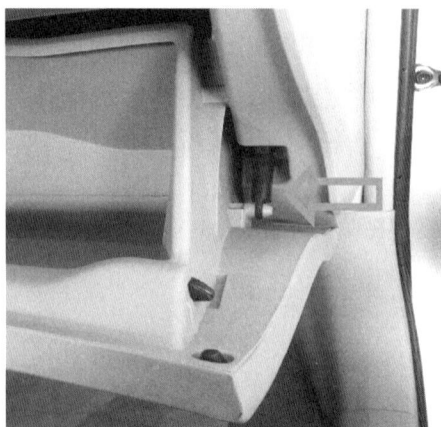

提示

（1）将连接储物箱一侧的缓冲装置脱开。

（2）双手扣住缓冲装置头部圆形卡口均匀用力地向外拔,直到脱开为止。

5 拆下储物箱。

提示

（1）先将储物箱打开一半位置。

（2）双手托住储物箱下边缘沿着开口方向上用力。

（3）先脱开一侧储物箱卡爪,再用同样方式脱开另一侧卡爪。

6 取出空调滤芯。

提示

（1）水平方向抽出空调滤芯,避免滤芯上的灰尘掉落在汽车座椅上。

（2）取出后要避免异物进入空调滤芯的安装位置。

7 检查空调滤芯。

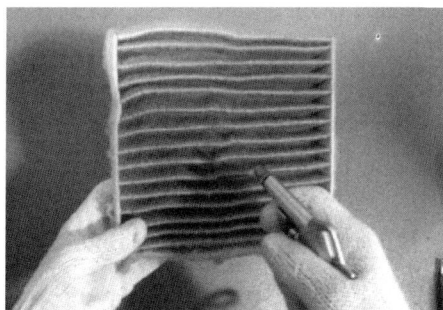

提示

（1）对空调空气格进行正反面的检查,是否有损坏、污垢。

（2）如果灰尘很多,可以用高压气枪进行吹灰尘。

（3）根据空调滤芯的使用情况和更换周期进行更换。

8 安装新的空调滤芯。

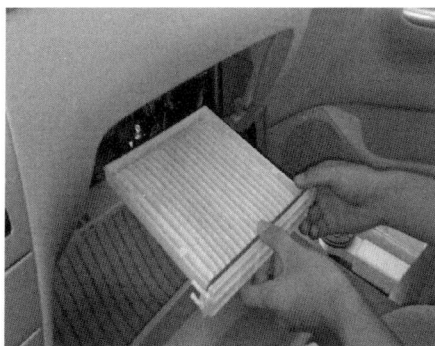

提示

（1）检查新的空调滤芯,新空调滤芯应洁净、完好无破损。

（2）安装过程中要注意空调空气格的安装方向,不要装反。

第三步 整理、整顿

整理工位。

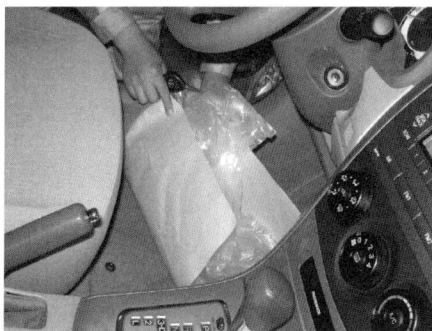

提示

（1）整理设备、工具。

（2）整理汽车、清洁汽车。

（3）将汽车停入指定的位置。

（4）将工具放回指定的位置。

九 考核标准

1 工作记录表

汽车空调的基本维护记录表

汽车型号		学生姓名	
发动机型号		VIN 编号	

工作情况记录：

1.本车是否更换空调滤芯:是□　否□

2.其他情况:

2 工作考评表

汽车空调的基本维护考评表

考评人　　　　　操作人　　　　　日期　　　　　时间

考核时间	操作步骤	序号	考核项目	满分(分)	评分标准	得分
10min	第一步作业前准备	1	着装规范	7	酌情扣分	
		2	作业前整理工位	7	酌情扣分	
		3	打开副驾驶储物箱	7	检查不到位扣4分	
	第二步拆卸空调滤芯	4	记录车上物品	7	工具选取不当扣4分	
		5	记录车辆的基本信息	14	操作不当扣8分	
		6	脱开储物箱的缓冲装置	6	酌情扣分	
		7	拆下储物箱	6	酌情扣分	
		8	取出空调滤芯	6	酌情扣分	
	第三步更换空调滤芯	9	检查空调滤芯	6	酌情扣分	
		10	安装新的空调滤芯	4	酌情扣分	
		11	安装储物箱	4	酌情扣分	
	其他	12	清洁整理工具	7	操作不当扣4分	

续上表

考核时间	操作步骤	序号	考核项目	满分(分)	评分标准	得分
10min	其他	13	整理工作台	7	操作不当扣4分	
		14	安全操作	12	零件是否有跌落,若有,每次扣2分;工具是否有损坏,若有,每次扣2分;扣完为止	
		15	操作时间		每超时1min扣2分,超时5min终止考试	
		16	遵守相关安全规范		因违规操作造成人身和设备事故的,总分按0分计	
			分数合计	100	选手实际得分	

任务 3　制冷剂的纯度检测和类型鉴别

一　情景导入

目前汽车配件市场上销售的制冷剂种类繁多,比较环保的汽车制冷剂是 R134a 制冷剂,但是许多商家为了利益常常以次充好,以假乱真。所以,如何辨别真伪就需要使用制冷剂鉴别仪来鉴别。

二　知识链接

1　制冷剂

制冷剂是制冷系统完成制冷循环的工作介质,俗称冷媒。制冷剂在蒸发器内汽化并吸收冷却介质的热量而制冷,又在高温下把热量传递给周围空气,此时转化为液态制冷剂,如此不断循环。目前市场制冷剂的类型有 R134a、R12、R22、HC 等(如下图所示),当前在用车使用的制冷剂大多为 R134a。制冷剂 R134a 不含氯离子,对大气臭氧层破坏小,但对温室效应影响大。

制冷剂类型

2　对空调制冷剂进行纯度检测和类型鉴别的目的

(1)如果制冷剂中混合有杂质,制冷剂不纯,将会使空调系统制冷不正常,影响空调制冷效果。

(2)对于带有制冷剂回收功能的空调检测维修设备,如果回收的制冷剂纯度达不到所要求的标准,也将会污染制冷剂储存罐中纯净的制冷剂,再次造成添加的制冷剂纯度不合格。

(3)被污染的制冷剂将会损坏空调系统,也会对制冷剂回收加注装置设备造成极大的损坏,增加这些设备的维修成本。因此,在使用制冷剂回收加注设备之前,用制冷剂鉴别仪提前检测制冷剂纯度,可避免损坏制冷剂回收加注设备。

(4)制冷剂鉴别仪的鉴别方法和原理。这种仪器利用一种红外比较和化学燃料电池技术来判断 R12 和 R134a 的纯度和污染水平以及空气的含量。

三 实训时间

实训时间为 20min。

四 实训教学目标

(1) 了解汽车制冷剂的种类。

(2) 学会制冷剂鉴别仪的使用方法。

(3) 掌握制冷剂的鉴定数据分析判定制冷剂性能的方法。

五 技术标准与要求

(1) 确保操作人员及设备安全。

(2) 更换损坏部件时,请使用相同型号的零件。

(3) 设备出现异常时,请参照设备使用说明书解决。

六 实训器材

制冷剂鉴别仪

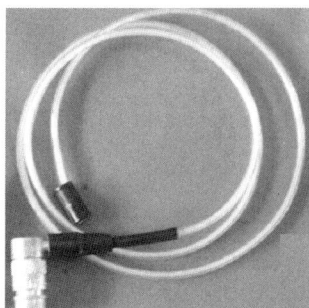

R134a 采样管

清洁布

护目镜

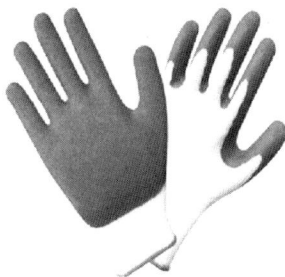

防护手套

车辆防护装备

七 教学组织

1 教学组织形式

本课程为"工艺化"实训课,实训教师1名,学生18名,实训室共有3个实训工位,按照6人1个工位编组。

2 学生的站位分工和要求

学员按规定的工位站立,按教师的指令同时进行独立的操作。

3 实训教师职责

播放教学视频,并讲解实训项目的操作步骤和相关的注意事项;下达"开始操作"口令;巡视、检查、指导和纠正学生操作中的错误;课堂总结;组织学生对实训室进行清洁整理。

4 学生职责

认真观看教学视频;完成教师布置的任务;做好课后的清洁整理工作。

八 操作步骤

第一步 作业前准备

1 学员清洁、整理工位,准备好相关的工具和物品。

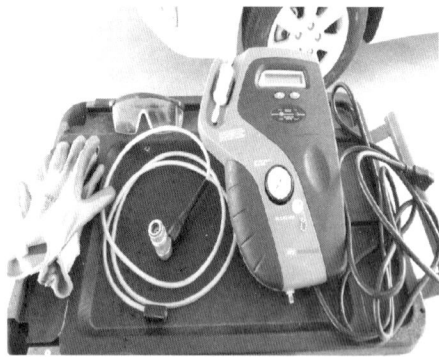

提示

准备工具:制冷剂鉴别仪、室内三件套、护目镜、防护手套。

2 学员按队列形式站立在实训车辆两边。

提示

学员应穿实训服,站到指定的工位。

3 安装汽车维修防护设备。

（1）安装尾气排气抽气管。

（2）安装车轮挡块。

（3）安装室内座椅套、转向盘套、地板垫。

4 佩戴橡胶手套和护目镜。

提示

为了人身安全，必须在空调维护作业前佩戴安全防护设备。

第二步 检查制冷剂鉴别仪的面板状况

1 检查空气进气口和采样进气口是否堵塞。

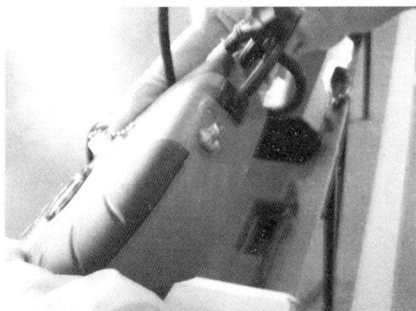

提示

（1）若堵塞，进行清洁处理。

（2）若无堵塞，接下一步操作。

2 检查采样出气口是否堵塞。

提示

（1）若堵塞，进行清洁处理。

（2）若无堵塞，接下一步操作。

3 检查面板仪表是否破损，检查过滤器有无红点。

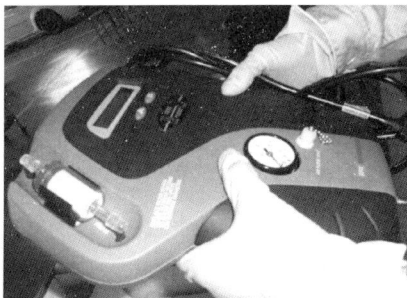

提示

（1）如果出现红点，说明过滤器需要更换，否则会影响检测精度。

（2）若无红点，接下一步操作。

4 检查 R134a 采样管是否破损，接头是否良好。

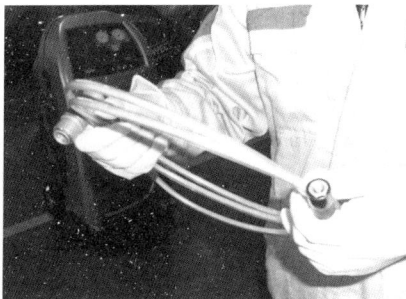

提示

如果用损坏的管路去检查制冷循环系统,不仅会导致制冷剂的泄漏,严重时会使制冷剂喷出,伤害皮肤。

第三步 仪器的连接与检测过程

1 检查车辆空调信息。

提示

卡罗拉轿车空调信息在发动机舱盖内顶部的表面,该系统应使用 R134a 制冷剂。

2 将制冷剂鉴别仪挂在发动机舱盖的挂钩上。

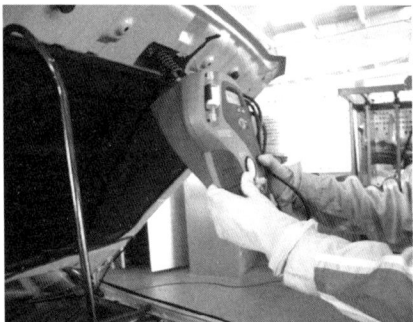

3 连接电源。

提示

(1)将电源插板放到汽车前翼子板附近处。

(2)连接仪器电源线。

4 设备自动开机。

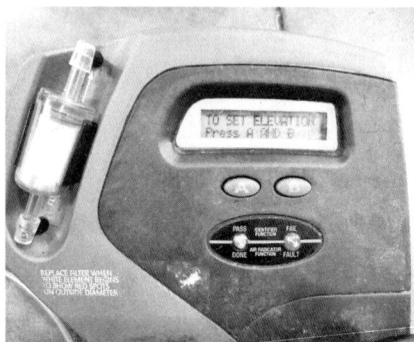

提示

(1)仪器连接好以后,设备自动开机预热。红灯与绿灯同时亮起。

(2)在检测过程中,红灯为警示灯,表示检测的介质不合格。黄灯为工作正常灯,表示介质不合格。

(3)预热时间为 2min,2min 后自动跳到下一步。

5 同时按下 A 键和 B 键进行海拔的设定。

提示

（1）以宁波地区为例，海拔设定为 200ft（英尺），按 A 键加 100ft，按 B 键减 100ft。

（2）设定完后自动退回到预热过程。

6 连接 R134a 采样管。

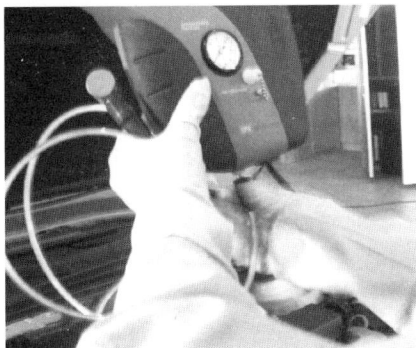

提示

（1）将管路的螺纹与仪器（接口的螺纹）对齐。

（2）将管路顺时针旋到仪器上。

7 拧开空调制冷循环系统的低压阀盖。

8 将低压阀盖放回到工具车上。

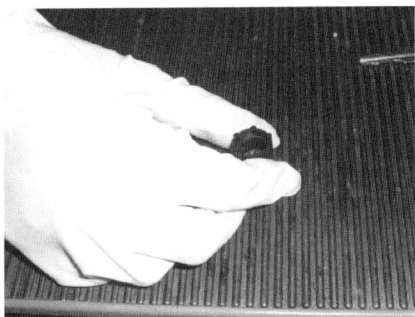

9 将快速接头逆时针旋到锁止状态。

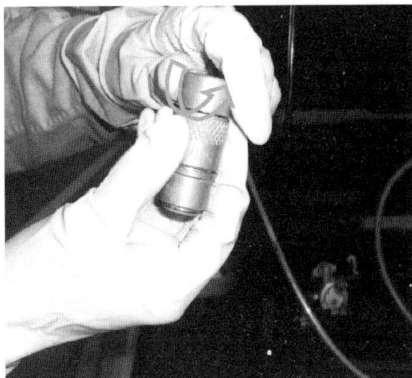

10 脱开快速接头的自锁位置。

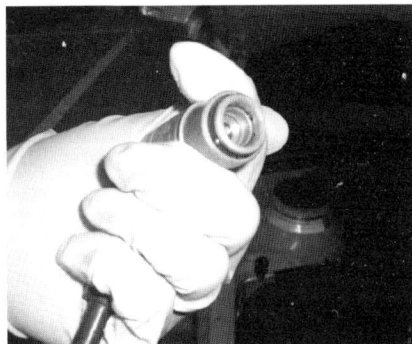

提示

用大拇指顶住快速接头头部，食指和中指扣住检测接头的外侧卡箍位置。

11 将采样管与空调低压维修阀口连接。

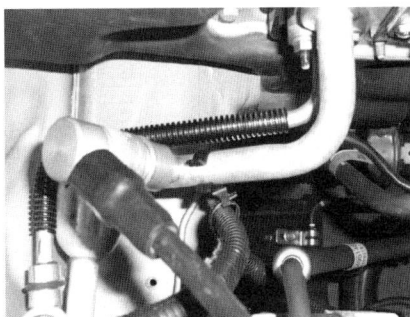

提示

将快速接头轻轻推入到低压维修阀上，同时松开食指和中指。

12 调节检测压力。

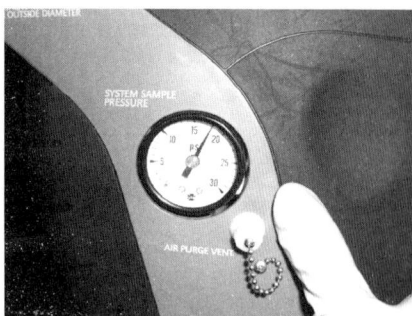

提示

顺时针旋转快速接头上的压力调整按钮,调整压力为 2 ~ 25Psi 之间(1Psi = 6.895kPa)。

13 按 A 键进行样品检测。

14 样品检测中。

提示

(1)设备提示"SAMPLING IN PROGRESS"为样品检测中。

(2)样品检测时间大约为 30s。

15 显示样品的类型和纯度。

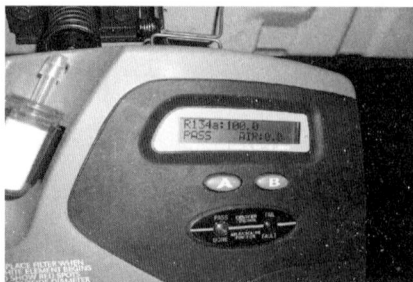

提示

(1)第一页显示管路内含量最多的制冷剂含量百分比和 AIR 的纯度百分比。

(2)同时显示本次检测的样品是否合格,合格显示"pass",若不合格显示"fail",同时亮起红灯。

(3)设备检测出的样品纯度大于 98% 才会判定为合格的制冷剂。

16 显示其他类型制冷剂的含量。

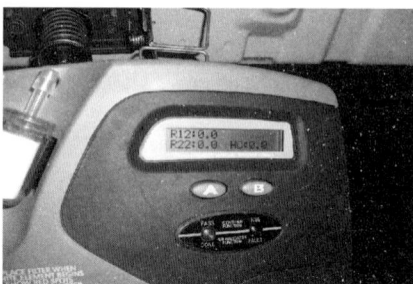

提示

设备第二页显示 R12 的含量、R22 的含量和 HC 的含量百分比。

17 按 B 键退出,样品检测结束。

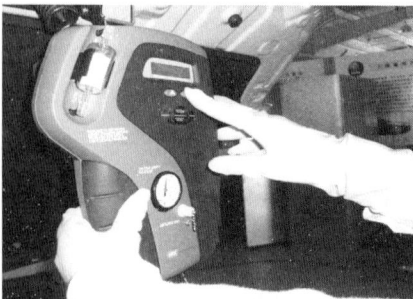

提示

设备仅仅是检测空调管路内的样品是何种类型的制冷剂,纯度是否合格。但该制冷剂是否适合该制冷系统需人为去判定。

18 记录设备检测数据。

提示

记录的数据将对空调故障分析提供重要依据。

19 脱开采样管路。

提示

(1)先将快速接头阀门逆时针关闭。

(2)用大拇指顶住快速接头头部,食指和中指扣住检测接头的外侧卡箍位置,脱开采样管。

20 对高低压维修阀口进行电子检漏。

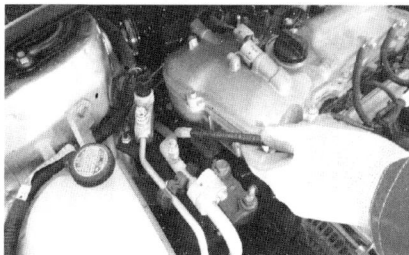

提示

在实训操作中触碰过的空调维修阀口都要进行电子检漏,检查触碰过的高低压阀口是否密封良好。

第四步 整理、整顿

整理工位。

提示

(1)整理设备、工具。
(2)整理汽车、清洁汽车。
(3)将汽车停入指定的位置。
(4)将工具放回指定的位置。

九 考核标准

1 工作记录表

制冷剂的纯度检测和类型鉴别记录表

汽车型号			学生姓名	
发动机型号			VIN 编号	
空调信息	制冷剂类型：	冷冻油型号：		加注量：
	成分	检测数据		分析
车辆制冷剂鉴别				

2 工作考评表

制冷剂的纯度检测和类型鉴别考评表

考评人　　　　　　操作人　　　　　　日期　　　　　　时间

考核时间	操作步骤	序号	考核项目	满分(分)	评分标准	得分
20min	第一步作业前准备	1	着装规范	5	酌情扣分	
		2	作业前整理工位	5	酌情扣分	
	第二步检查制冷剂鉴别仪的面板状况	3	对车辆制冷剂进行纯度检测和类型鉴别作业	4	检查不到位扣4分	
		4	根据车辆提示本车应使用 R134a 制冷剂	4	工具选取不当扣4分	
		5	佩戴手套和护目镜	4	操作不当扣2分	
		6	记录	1	酌情扣分	
		7	打开仪器盒	1	酌情扣分	
		8	检查采样管路是否有破损	2	酌情扣分	

考核时间	操作步骤	序号	考核项目	满分（分）	评分标准	得分
20min	第二步 检查制冷剂鉴别仪的面板状况	9	清洁采样接头	2	酌情扣分	
		10	检查仪器面板是否正常	2	酌情扣分	
		11	检查过滤器是否有红点	2	酌情扣分	
		12	检查采样进气口、出气口是否有堵塞	1	酌情扣分	
	第三步 仪器的连接与检测过程	13	安装仪器、接电源开机	1	操作不当扣2分	
		14	系统预热	2	酌情扣分	
		15	进行海拔设定	2	酌情扣分	
		16	系统标定中	2	酌情扣分	
		17	拧开低压阀盖	2	酌情扣分	
		18	清洁低压阀口	2	清洁不到位扣2分	
		19	清洁仪器采样入口	2	清洁不到位扣2分	
		20	安装采样管	2	酌情扣分	
		21	将采样管快速接头旋至关闭位置	2	操作不当扣2分	
		22	安装快速接头	2	酌情扣分	
		23	调整压力在5～25Psi之间	2	操作不当扣2分	
		24	按A键进行检测	2	酌情扣分	
		25	样品检测中	2	酌情扣分	
		26	报读数	2	酌情扣分	
		27	作记录	2	酌情扣分	
	第四步 拆卸与清洁仪器	28	按B键推出	2	酌情扣分	
		29	关闭快速阀门	2	酌情扣分	
		30	脱开采样管快速接头	2	操作不当扣2分	
		31	清洁采样管接头	2	酌情扣分	
		32	清洁低压阀盖	2	酌情扣分	

续上表

考核时间	操作步骤	序号	考核项目	满分(分)	评分标准	得分
20min	第四步 拆卸与清洁仪器	33	清洁低压阀口	2	酌情扣分	
		34	拧紧低压阀口	2	酌情扣分	
		35	给仪器断电	2	酌情扣分	
		36	清洁仪器采样口	2	清洁不到位扣2分	
		37	清洁整理工具	4	操作不当扣4分	
		38	整理工作台	4	操作不当扣4分	
	其他	39	安全操作	12	零件是否有跌落,若有,每次扣2分;工具是否有损坏,若有,每次扣2分;扣完为止	
		40	操作时间		每超时1min扣2分,超时5min终止考试	
		41	遵守相关安全规范		因违规操作造成人身和设备事故的,总分按0分计	
	分数合计			100	选手实际得分	

任务4 空调系统性能的压力测试

一 情景导入

一辆卡罗拉轿车,使用装有 R134a 制冷剂的手动空调。据客户反映该车空调有间歇性不制冷的现象,该故障多出现在高速,怠速偶尔也出现,天气越热故障出现的频率越高,过一段时间后,空调又自动恢复正常,需要对其进行压力测试。

二 知识链接

当环境温度在30℃左右时,空调系统在发动机 2000r/min 时,低压侧压力一般为 158 ~ 241kPa,高压侧压力为 1157 ~ 1481kPa。通过对汽车空调系统的压力测试,并将测量的数据与标准数据进行比校,可以判断被测车辆的空调系统的工作是否正常,并能对空调系统存在的故障进行分析,确定维修方案。参见下表所示。

汽车空调制冷系统压力异常的原因和处理方法

序号	故障现象	可能的原因	故障排除
1	(1)工作期间,在低压侧压力有时变成真空,有时正常; (2)间歇性制冷,最后不制冷	进入系统内的水分在膨胀管口结冰,循环暂时停止,但是当冰融化后,系统又恢复到正常状态	(1)更换储液干燥器; (2)通过反复地抽出空气来清除系统中的水汽; (3)注入适当数量新的制冷剂
2	(1)高、低压侧的压力都偏低; (2)在液窗出现连续的气泡; (3)制冷效能不足	制冷系统内某些地方发生气体渗漏	(1)用渗漏检测器检查,如有必要修复; (2)充入适量制冷剂; (3)接上压力表时,若压力为0左右,检修渗漏处,并将系统抽真空

续上表

序号	故障现象	可能的原因	故障排除
3	(1)在低压侧指示真空,在高压侧指示压力太低; (2)膨胀阀或储液干燥器前后的管子上有露水或结霜; (3)不制冷或间歇制冷	(1)系统有水分或污物阻塞制冷剂的流动; (2)膨胀阀热传感管气体渗漏阻塞制冷剂流动	(1)检查膨胀阀热传感器和蒸发器; (2)用压缩空气清除膨胀阀内污物,若不能清除则更换膨胀阀; (3)更换储液干燥器; (4)抽去空气并充适量制冷剂。若传感器渗漏,则更换膨胀阀
4	(1)在低压和高压侧压力都太高; (2)即使发动机转数降低,通过液窗也见不到气泡; (3)制冷不足	(1)系统中制冷剂过量。不能充分发挥制冷效能; (2)冷凝器散热不良;	(1)清洁冷凝器; (2)检查风扇电动机的运转情况; (3)检查制冷剂数量,充入适量的制冷剂
5	(1)在低压和高压侧压力都太高; (2)感觉低压管路是热的; (3)在液窗中出现气泡; (4)制冷不佳	制冷系统中有空气	(1)检查压缩机油是否变脏或不足; (2)排出空气并充入新的制冷剂

三 实训时间

实训时间为20min。

四 实训教学目标

(1)掌握空调压力表组的使用方法。

(2)能够独立、正确熟练地进行空调系统的压力测试,能够依据测试数据判断汽车空调故障。

五 技术标准与要求

(1)实训操作过程中,确保人员及设备的操作安全。

(2)更换损坏部件时,请使用相同型号的零件。

(3)设备出现异常时,请参照设备使用说明书。

六 实训器材

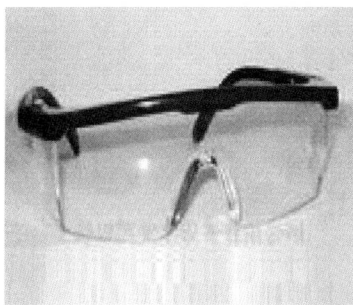

护目镜

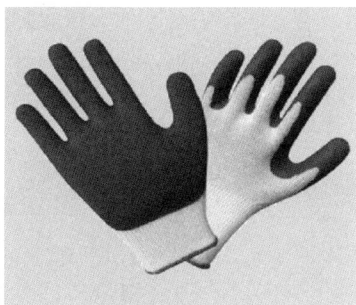

防护手套

清洁布

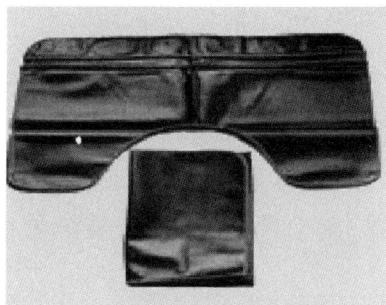

车辆防护设备

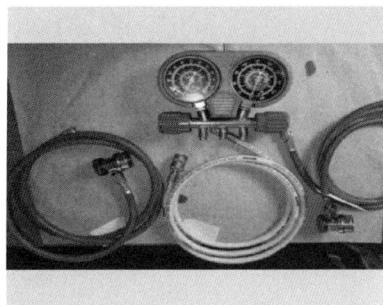

空调压力表组

七 教学组织

1 教学组织形式

本课程为"工艺化"实训课,实训教师1名,学生18名,实训室共有3个实训工位,按照6人1个工位编组。

2 学生的站位分工和要求

学员按规定的工位站立,按教师的指令同时进行独立的操作。

3 实训教师职责

播放教学视频,并讲解实训项目的操作步骤和相关的注意事项;下达"开始操作"口令;巡视、检查、指导和纠正学生操作中的错误;课堂总结;组织学生对实训室进行清洁整理。

4 学生职责

认真观看教学视频;完成教师布置的任务;做好课后的清洁整理工作。

八 操作步骤

第一步 作业前准备

1 清洁、整理工位,准备工具和设备。

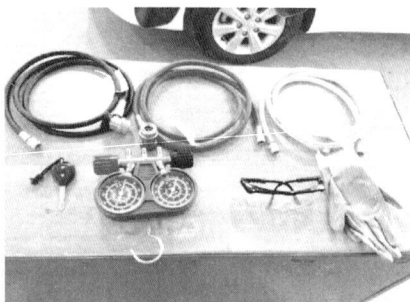

提示

(1)准备车辆的安全防护设备。
(2)准备空调测试使用的空调压力表。

2 学员按队列形式站立在实训车辆两边。

提示

学员应穿实训服,站到指定的工位。

3 安装汽车维修防护设备。

提示

(1)安装尾气排气抽气管。
(2)安装车轮挡块。
(3)安装室内座椅套、转向盘套、地板垫。
(4)安装翼子板布、前格栅布。

注意事项:操作时要起动汽车、打开空调,便于散热,所以需要把前格栅布掀起。

第二步 组装汽车空调压力表组

1 佩戴橡胶手套和护目镜。

提示

为了人身安全,必须在空调维护作业前

佩戴安全防护设备。

2 拧开空调管路的高低压阀口保护盖。

提示

（1）分别用手逆时针拧下高低压阀盖，将高低压阀盖放在工具车上。

（2）在拧开时，注意不要将阀口保护盖掉落到发动机舱内部。

3 清洁高、低压维修阀口。

提示

用清洁布清洁高低压维修阀口。

4 将仪表悬挂在发动机舱盖挂钩上。

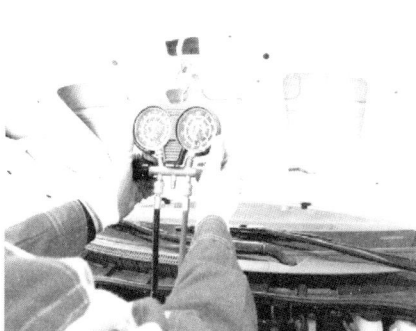

5 确认高低压表组开关处于关闭位置。

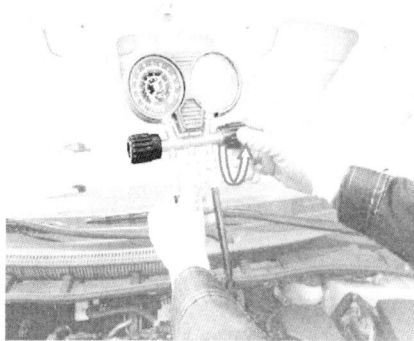

提示

（1）高、低压表组两侧分别有两个手动阀开关。

（2）逆时针旋转到底为关闭位置。

6 确认高低压快速阀处于关闭位置。

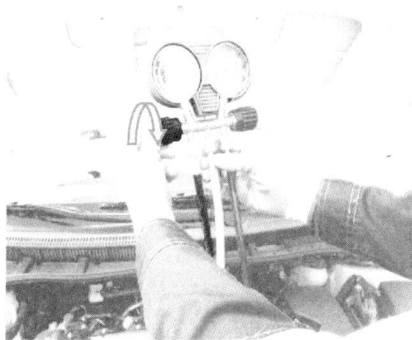

提示

（1）高、低压快速阀分别有两个转阀开关。

（2）逆时针旋转到底为关闭位置。

7 清洁低压快速接头。

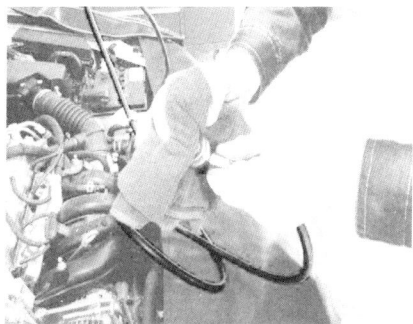

提示

用清洁布对快速接头进行清洁,清洁后用高压气清洁效果更理想。

8 将低压快速连接阀(蓝色)与低压维修阀连接。

9 将高压快速连接阀(红色)与高压维修阀连接。

10 观察空调压力表组的高低压压力。

提示

(1)此时观察的空调压力为静态压力。
(2)静态压力也可作为判断空调是否有

故障的依据之一。

11 起动发动机。

提示

(1)确保驻车制动器操纵杆拉起。
(2)变速器挡位置于 P 挡。

12 打开汽车空调。

提示

(1)鼓风机挡位开关为 1 位置。
(2)按下空调 A/C 开关、指示灯为点亮状态。

13 观察空调压力表组上的高、低压压力显示。

提示

（1）若空调系统压力正常,则歧管压力表读数为:低压侧为0.15～0.25MPa,高压侧为1.37～1.57MPa。

（2）这里所指示的表压力为R134a空调系统,如果是R12空调系统,压力表显示的压力均会稍低。

（3）若出现其他压力显示参照下图。

14 压力表的读数显示高压偏低,低压偏低。

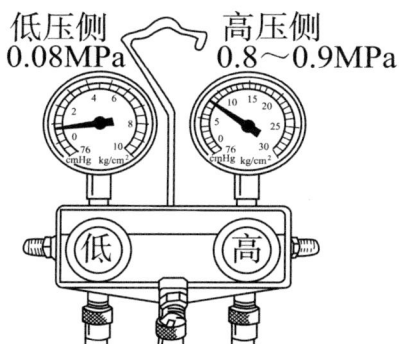

低压侧
0.08MPa

高压侧
0.8～0.9MPa

提示

（1）说明制冷剂不足。如空调系统工作一段时间出现此现象,可能系统内某处出现泄漏,必须找出泄漏点并加以排除。

（2）若是压缩机工作不良所造成,应检查机内阀片是否损坏,活塞及环是否磨损,并予以排除。

15 压力表的读数显示高压偏高,低压偏高。

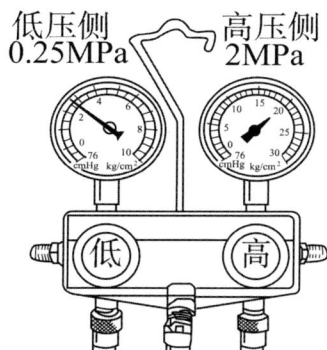

低压侧
0.25MPa

高压侧
2MPa

提示

（1）这可能是制冷剂过多引起,处理方法:从低压侧逐渐放出一部分制冷剂,直到压力表指针显示规定压力为止。

（2）冷凝器冷却不足,冷凝器散热片阻塞或风扇电动机故障。

16 压力表的读数显示高压偏低,低压偏高。

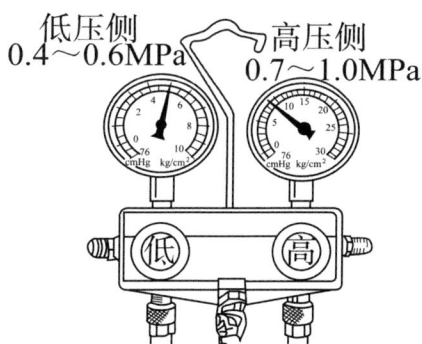

低压侧
0.4～0.6MPa

高压侧
0.7～1.0MPa

提示

这可能是由压缩机故障或阀门渗漏或损坏,零件滑落原因造成。

17 压力表读数显示低压侧出现真空,高压侧压力过低。

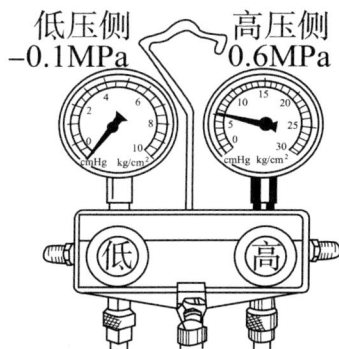

低压侧
-0.1MPa

高压侧
0.6MPa

提示

这种情况多出在膨胀阀感热泡内的制冷剂完全泄漏,使膨胀阀内的小孔全部堵死,使制冷剂不环流,系统不能制冷。排除的办法是更换或拆修膨胀阀。

18 发动机熄火。

提示

回收设备前将发动机熄火。

19 断开空调压力表组与汽车空调的连接。

提示

(1)先将红、蓝快速接口阀口逆时针关闭。

(2)脱开高、低维修阀口上的红、蓝快速接口。

20 将空调压力表组内管路残余制冷剂释放到大气中。

提示

(1)确保黄管与空调压力表组中间管口连接正常。

(2)将黄管另一端对着地面,注意不能对人或动物。

(3)慢慢旋开空调压力表组高压控制阀,使红管内制冷剂释放到大气中。

(4)慢慢旋开空调压力表组低压控制阀,使蓝管内制冷剂释放到大气中。

第三步 整理、整顿

整理工位。

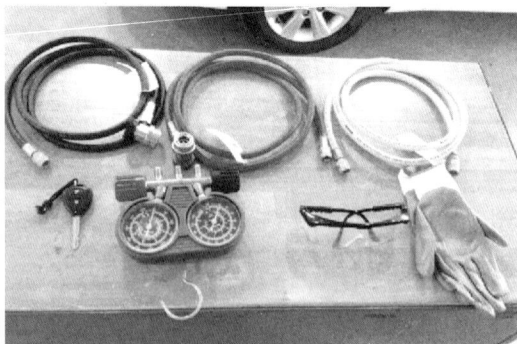

提示

(1)整理设备、工具。
(2)整理汽车、清洁汽车。
(3)将汽车停入指定的位置。
(4)将工具放回指定的位置。

九 考核标准

1 工作记录表

汽车空调压力检测记录表

汽车型号		学生姓名	
发动机型号		VIN 编号	
空调未工作		空调工作	

空调未工作	空调工作
高压： MPa 低压： MPa 判断：	高压： MPa 低压： MPa 判断：

2 工作考评表

汽车空调压力检测考评表

考评人		操作人		日期	时间

考核时间	操作步骤	序号	考核项目	满分（分）	评分标准	得分
20min	第一步 作业前准备	1	着装规范	10	酌情扣分	
		2	作业前整理工位	10	酌情扣分	
		3	佩戴橡胶手套和护目镜	2	检查不到位扣2分	
		4	拧开空调管路的高低压阀口保护盖	2	酌情扣分	
	第二步 连接空调压力表组	5	清洁高、低压维修阀口	2	操作不当扣2分	
		6	将仪表悬挂在发动机舱盖挂钩上	2	酌情扣分	
		7	确认高低压表组开关处于关闭位置	5	酌情扣分	
		8	确认高低压快速阀处于关闭位置	2	酌情扣分	
		9	清洁低压快速接头	2	清洁不到位扣分	

续上表

考核时间	操作步骤	序号	考核项目	满分(分)	评分标准	得分
20min	第二步 连接空调压力表组	10	将低压快速连接阀(蓝色)与低压维修阀连接	2	酌情扣分	
		11	将高压快速连接阀(红色)与高压维修阀连接	2	酌情扣分	
	第三步 观察压力表数据	12	观察空调压力表组的高低压压力	2	观察不到位扣2分	
		13	起动发动机、打开空调	2	酌情扣分	
		14	观察空调压力表组上的高、低压压力显示	5	酌情扣分	
		15	记录空调压力值	5	酌情扣分	
		16	对空调压力值作出判断	5	酌情扣分	
		17	发动机熄火	2	酌情扣分	
		18	断开空调表组与汽车空调的连接	5	操作不当扣2分	
		19	将空调压力表组内管路作环保处理	5	操作不当扣2分	
	其他	20	清洁整理工具	8	操作不当扣4分	
		21	整理工作台	8	操作不当扣4分	
		22	安全操作	12	零件是否有跌落,若有,每次扣2分;工具是否有损坏,若有,每次扣2分;扣完为止	
		23	操作时间		每超时1min扣2分,超时5min终止考试	
		24	遵守相关安全规范		因违规操作造成人身和设备事故的,总分按0分计	
分数合计				100	选手实际得分	

任务 5　汽车空调制冷系统的检漏

一 情景导入

　　一辆丰田卡罗拉轿车,半个月前进行过制冷剂充注作业,目前发现打开空调无冷风,用压力表测量后发现空调管路的静态压力不到 200kPa,判断为空调管路泄漏,需对空调管路进行泄漏检查。

二 知识链接

1 荧光检漏仪工作原理

　　在空调管路内注入一定量的荧光剂,荧光剂是一种荧光染料,也是一种复杂的有机化合物。它的特性是能使入射光线产生荧光,肉眼在荧光镜的辅助下能看到白色的物质,方便空调泄漏部位的检测,如下图所示。

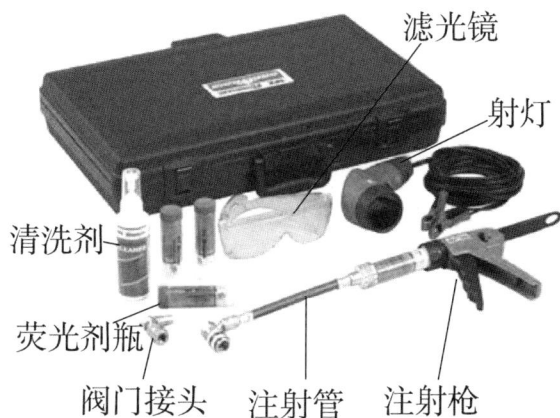

滤光镜　射灯　清洗剂　荧光剂瓶　阀门接头　注射管　注射枪

2 电子检漏仪工作原理

　　基于空气压差法的原理而开发的,基准物与被测工件两侧同时充入相同压力的空气,达到平衡,如果被测工件泄漏,平衡就被打破,这时差压传感器将信息经转换后显示出来。它能够在很短时间内测出工件的微小泄漏,用户可按照需要设定各项检验参数及判别标准,如下图所示。

三 实训时间

实训时间为 20min。

四 实训教学目标

(1)了解汽车空调制冷系统检漏设备的分类。

(2)掌握汽车空调制冷系统检漏设备的操作方法。

五 技术标准与要求

(1)确保操作人员及设备安全。

(2)更换损坏部件时,请使用相同型号的零件。

(3)设备出现异常时,请参照设备使用说明书。

六 实训器材

荧光检漏仪

电子检漏仪

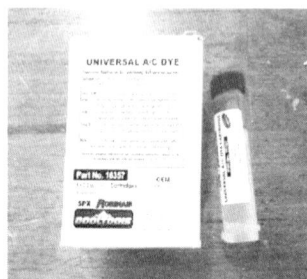

荧光剂

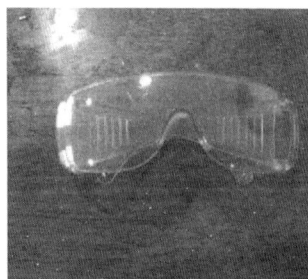

荧光镜

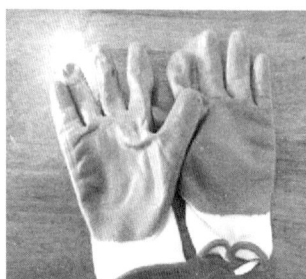

防护手套

脸盆

七 教学组织

1 教学组织形式

本课程为"工艺化"实训课,实训教师1名,学生18名,实训室共有3个实训工位,按照6人1个工位编组。

2 学生的站位分工和要求

学员按规定的工位站立,按教师的指令同时进行独立的操作。

3 实训教师职责

播放教学视频,并讲解实训项目的操作步骤和相关的注意事项;下达"开始操作"口令;巡视、检查、指导和纠正学生操作中的错误;课堂总结;组织学生对实训室进行清洁整理。

4 学生职责

认真观看教学视频;完成教师布置的任务;做好课后的清洁整理工作。

八 操作步骤

第一步 作业前准备

1 清洁、整理工位,准备工具和设备。

提示

(1)准备车辆的安全防护设备。

(2)准备空调测试实训使用设备:荧光检漏仪、电子检漏仪、脸盆、清水、荧光镜。

2 学员按队列形式站立在实训车辆两边。

提示

学员应穿实训服,站到指定的工位。

3 安装汽车维修防护设备。

提示

(1)安装尾气排气抽气管。

(2)安装车轮挡块。

(3)安装室内座椅套、转向盘套、地板垫。

(4)安装翼子板布、前格栅布。

注意事项:操作时要起动汽车、打开空调,便于散热,所以需要把前格栅布掀起。

2.5V 2.6V 2.65V 2.7V 2.8V 2.9V 3.0V

Red   Orange   Green

第二步　电子检漏仪设备检查

1 检查设备外部情况。

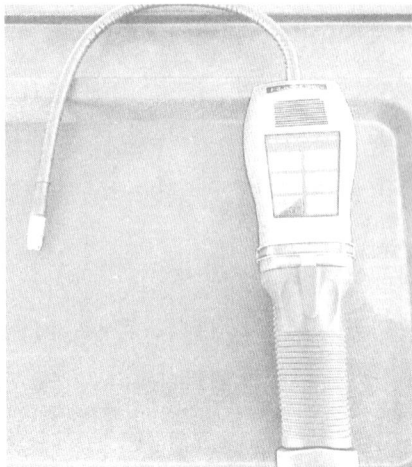

提示

检查管路是否破损,探头有无污染,面板是否完好。

2 开机。

开关机键

提示

电源键用于打开和关闭仪器。

3 电子检漏仪电池电量检查。

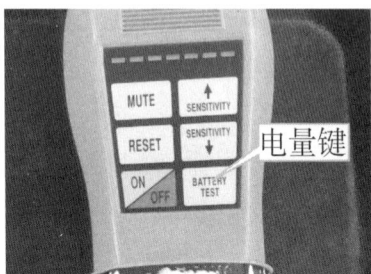

电量键

提示

(1)按下电池测试键,指示灯点亮的颜色表示着不同的电池电量。

(2)显示电池电量,最左边的灯是常亮的,绿色表示电量充足,橙色表示不足,红色表示立即更换。

Green:绿色;Orange:橙色;Red:红色

4 电子检漏仪灵敏度调整。

灵敏度调整键

2.5V 2.6V 2.65V 2.7V 2.8V 2.9V 3.0V

Red   Orange   Green

提示

(1)Sensitvity 键为调高灵敏度按钮。

(2)向上调高灵敏度,向下调低灵敏度。

(3)灵敏度分为 7 个等级,灵敏度越高,LED 灯亮的数目越多,反之就越少。

5 电子检漏仪泄漏等级显示。

泄漏等级显示泄漏的大小和强弱,显示绿色表明泄漏较少,橙色表明泄漏一般,红色表示泄漏很多。

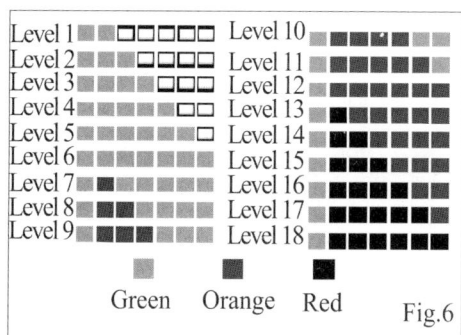

Level 1	Level 10
Level 2	Level 11
Level 3	Level 12
Level 4	Level 13
Level 5	Level 14
Level 6	Level 15
Level 7	Level 16
Level 8	Level 17
Level 9	Level 18

Green   Orange   Red   Fig.6

6 电子检漏仪静音键。

静音键

提示

按下静音键后设备不再声音报警，而是LED灯闪烁。声音的大小反映出泄漏的多少和强弱(浓度)。

7 电子检漏仪重置键。

重置键

提示

利用该键可以找到泄漏的源头。检测到泄漏时按下该键，设备会继续检测，当测出比原先浓度更大的泄漏点时会再次报警，这样一步步进行下去即可精确地找到泄漏的源头。

第三步 空调管路的泄漏检查
（电子检漏）

1 佩戴防护手套和护目镜。

提示

为了人身安全，必须在空调维护作业前佩戴安全防护用品。

2 拧开空调管路的高低压阀口保护盖。

提示

阀口保护盖不要掉落到发动机舱内部。

3 确认管路内压力大于350kPa。（已完成）

提示

对空调管路进行泄漏检查前，必须确保管路内有一定量的制冷剂，否则即使空调管路存在泄漏，电子检漏也查找不出泄漏点。

4 电子检漏的方式。

提示

因制冷剂的密度比空气大，当出现泄漏后会下沉，所以要在空调管路的下沿检查。

5 泄漏时间检查。

提示

检漏仪检测时需要一段自验过程，因此在每个被测部位需停留 5～10s，否则就找不到泄漏点。

6 检查空调管路的泄漏部位——检查空调高、低压维修阀口。

7 检查空调管路的泄漏部位——检查压力传感器。

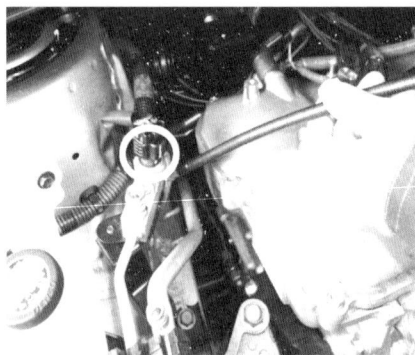

8 检查空调管路的泄漏部位——检查空调膨胀阀进、出口。

9 检查空调管路的泄漏部位——检查空调压缩机进、出口。

10 检查空调管路的泄漏部位——检查空调冷凝器进、出口。

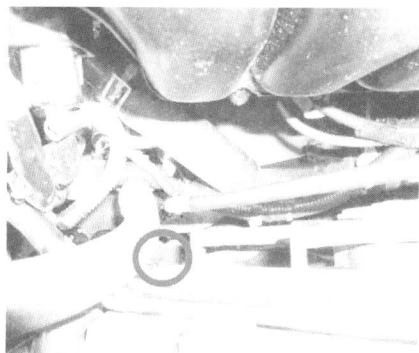

第四步 将荧光剂注入汽车空调制冷管路内

1 检查荧光注射枪。

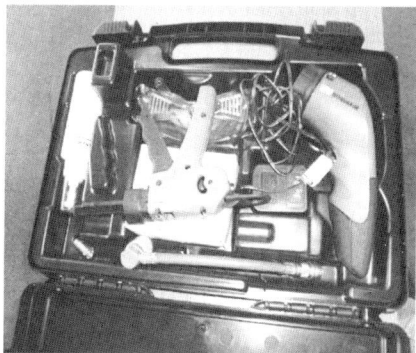

提示

（1）检查注射枪外观是否有损坏。
（2）检查注射枪是否活动自如。

2 检查注射管路是否破损。

3 检查注射管路上的快速接头有无堵塞。

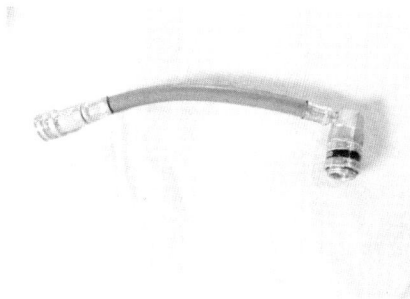

提示

用手去检查荧光检漏仪上的快速接头是否有卡滞。

4 检查荧光灯是否可以正常点亮。

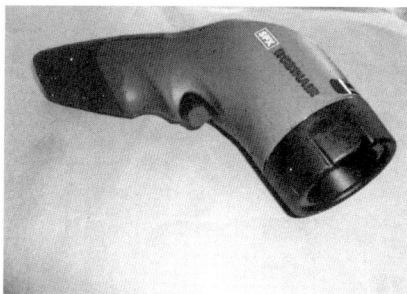

提示

荧光灯对眼睛有伤害，禁止直接对眼睛照射。

5 检查荧光剂是否破损。

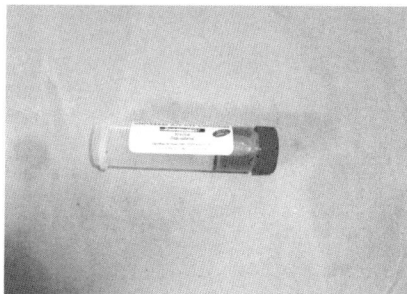

提示

新的荧光剂头部应有密封片，使用时才能将其揭去。

6 将荧光枪推到最大位置。

提示

　　一手向下拨动注射推杆上的锁销,另一只手将注射推杆向后拉到最极限位置。

7 佩戴空调防护手套。

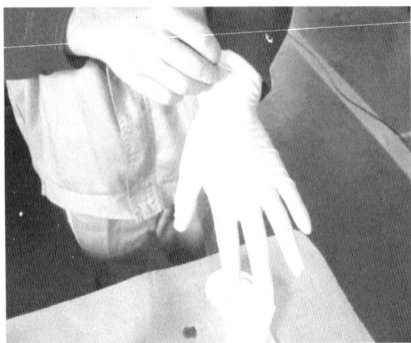

8 将荧光剂安装到注射枪。

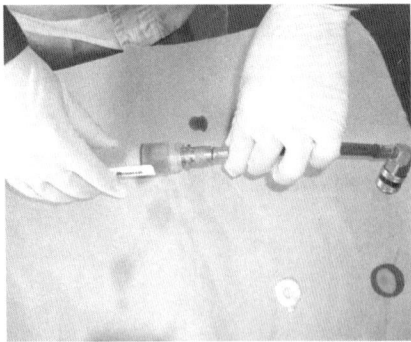

提示

　　安装时,先将荧光剂对准荧光枪头部的卡槽内,然后逆时针旋入。

9 将荧光剂上的密封片揭去。

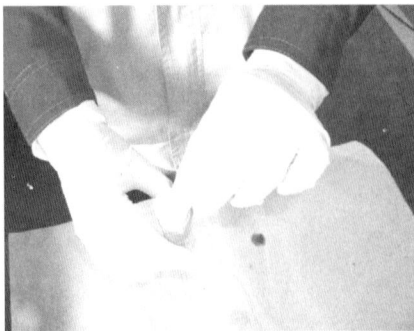

提示

　　此时应将荧光剂头部朝上放置,避免荧光剂流出。

10 将注射软管安装到荧光剂头部。

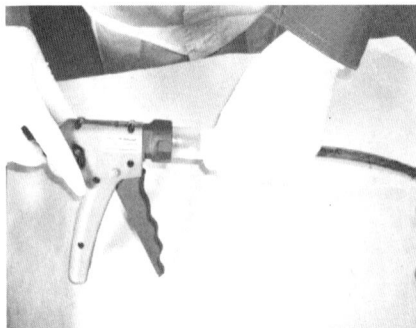

提示

　　固定荧光剂,将注射软管对准卡槽后逆时针旋入。

11 将空调低压阀盖旋开。

12 将空调高压阀盖旋开。

13 将注射软管上的快速接头安装到空调的低压维修阀。

提示

安装方法参照空调制冷剂鉴别仪的安装方法。

14 使用注射枪向空调制冷管路内注射一格荧光剂量。

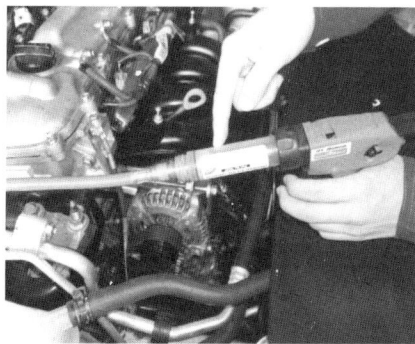

提示

荧光剂是一种污染源,因此不能在空调管路内注射过量的荧光剂。

15 将注射软管从空调低压维修阀口上取下。

16 在汽车底部放置一小盆清水。

提示

目的是为了检测空调蒸发器部件是否有泄漏。

17 启动空调。

提示

启动空调,运行 3~5min,便于荧光剂和制冷剂充分地混合,散布在空调的各个部件中,如果出现泄漏点,荧光剂会随制冷剂一起流出空调管路,便于我们检查。

18 关闭空调,熄火。

第五步 荧光泄漏检查

1 佩戴荧光镜。

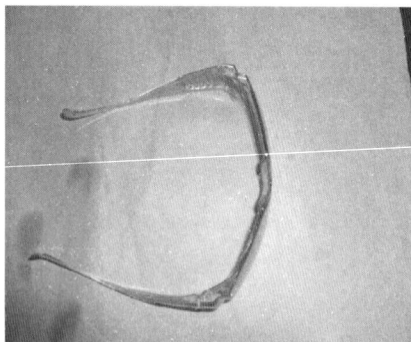

提示

戴上荧光镜后可以明显地看到荧光剂。

2 检查压缩机部件是否有泄漏。

提示

(1)应在压缩机的进气管接头、出气管接头

处检查是否有泄漏,灯光照射的地方是否有蓝色的荧光。

(2)若照射的部位出现蓝色的荧光,说明该部位有泄漏,否则无泄漏。

3 检查压缩机到冷凝器之间的管路是否有泄漏。

提示

(1)将荧光灯沿着压缩机到冷凝器之间的管路照射,检查照射的管路或管接头处是否有黄色的荧光。

(2)若照射的部位出现蓝色的荧光,说明该部位有泄漏,否则无泄漏。

4 检查冷凝器到膨胀阀之间的管路、接头是否有泄漏。

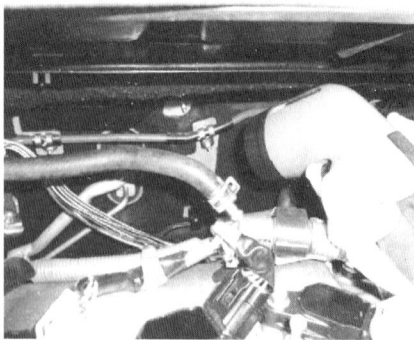

提示

(1)将荧光灯沿着冷凝器到膨胀阀之间的管路、接头照射,检查照射处的管路、接头

是否有黄色的荧光。

（2）若照射的部位出现蓝色的荧光，说明该部位有泄漏，否则无泄漏。

5 检查蒸发器出口到压缩机之间的管路、接口。

提示

（1）将荧光灯沿着蒸发器出口到压缩机之间的管路、接口照射，检查照射处的管路、接头是否有黄色的荧光。

（2）若照射的部位出现蓝色的荧光，说明该部位有泄漏，否则无泄漏。

6 检查蒸发器部件。

提示

因为蒸发器部件位置比较隐蔽，不容易看到，所以在运转前将一小盆清水放置

在车底出空调水的地方，先将空调水取出，用荧光灯照射流出来的空调水，若空调水有荧光，说明蒸发器油泄漏，反之则无泄漏。

7 记录数据。

第六步 整理、整顿

整理工位。

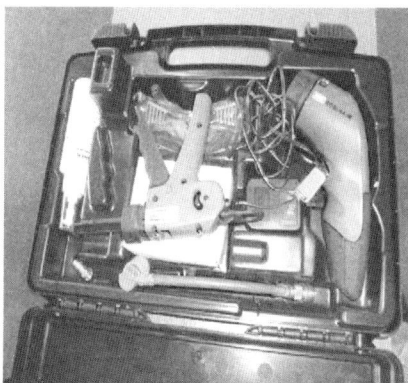

提示

（1）整理设备、工具。
（2）整理汽车、清洁汽车。
（3）将汽车停入指定的位置。
（4）将工具放回指定的位置。

九 考核标准

1 工作记录表

汽车空调制冷系统的检漏记录表

汽车型号		学生姓名	
发动机型号		VIN 编号	

工作情况记录

1.检漏部位：

2.检漏结果：

2 工作考评表

汽车空调制冷系统的检漏考评表

考评人　　　　　　操作人　　　　　　日期　　　　　　时间

考核时间	操作步骤	序号	考核项目	满分(分)	评分标准	得分
20min	第一步作业前准备	1	着装规范	3	酌情扣分	
		2	作业前整理工位	3	酌情扣分	
		3	检查外观情况	1	检查不到位扣1分	
		4	检查电量	1	酌情扣分	
	第二步电子卤素检漏	5	佩戴橡胶手套和护目镜	4	酌情扣分	
		6	拧开空调管路的高低压阀口保护盖确认管路内压力大于350kPa。（已完成）	4	酌情扣分	
		7	检查空调管路的泄漏部位——检查空调高、低压维修阀口	4	检查不到位扣4分	

考核时间	操作步骤	序号	考核项目	满分(分)	评分标准	得分
20min	第二步 电子 卤素 检漏	8	检查空调管路的泄漏部位——检查压力传感器	4	检查不到位扣4分	
		9	检查空调管路的泄漏部位——检查空调膨胀阀进、出口	4	检查不到位扣4分	
		10	检查空调管路的泄漏部位——检查空调压缩机进、出口	4	检查不到位扣4分	
		11	检查空调管路的泄漏部位——检查空调冷凝器进、出口	4	检查不到位扣4分	
	第三步 荧光 检漏	12	检查荧光注射枪及外观状况	1	酌情扣分	
		13	将注射软管上的快速接头安装到空调的低压维修阀上	1	酌情扣分	
		14	使用注射枪向空调制冷管路内注射一格荧光剂量	2	酌情扣分	
		15	起动发动机	2	酌情扣分	
		16	打开空调,运行3～5min,熄火	5	酌情扣分	
		17	佩戴荧光镜进行检查	4	酌情扣分	
		18	检查空调管路的泄漏部位——检查空调高、低压维修阀口	4	检查不到位扣4分	
		19	检查空调管路的泄漏部位——检查压力传感器	4	检查不到位扣4分	

续上表

考核时间	操作步骤	序号	考核项目	满分(分)	评分标准	得分
20min	第三步荧光检漏	20	检查空调管路的泄漏部位——检查空调膨胀阀进、出口	4	检查不到位扣4分	
		21	检查空调管路的泄漏部位——检查空调压缩机进、出口	4	检查不到位扣4分	
		22	检查空调管路的泄漏部位——检查空调冷凝器进、出口	4	检查不到位扣4分	
		23	检查蒸发器部件	4	检查不到位扣4分	
		24	记录数据	5	酌情扣分	
		25	清洁整理工具	4	操作不当扣4分	
		26	整理工作台	4	操作不当扣4分	
	其他	27	安全操作	12	零件是否有跌落,若有,每次扣2分;工具是否有损坏,若有,每次扣2分;扣完为止	
		28	操作时间		每超时1min扣2分,超时5min终止考试	
		29	遵守相关安全规范		因违规操作造成人身和设备事故的,总分按0分计	
			分数合计	100	选手实际得分	

任务6 汽车空调制冷剂的回收、抽真空和加注

一辆卡罗拉 GL 轿车,制冷效果不佳,经检查:空调制冷系统制冷剂量不足,需要补充。

二 知识链接

在车用制冷剂中,R12 是一种不易分解、稳定性很强的物质,若排放到大气中会对大气中的臭氧层形成永久性的破坏。臭氧层损耗会造成强紫外线照射导致以下几种危害:损伤眼角膜和晶状体,引起白内障等疾病的发生;诱发皮肤癌与皮肤疾病并且使人体免疫能力降低;过量的紫外线辐射会使植物的生长和光合作用受到抑制,使农作物减产;浅海中的浮游生物数量减少,直接导致鱼类及贝类的产量减少,从而损害整个水生生态系统。

目前许多维修店在修理汽车空调制冷管路时,都存在把原车内部的制冷剂排放到大气中,这导致大气的臭氧层受到越来越严重的破坏,加剧环境的恶化。制冷剂回收加注机能够完成车辆制冷剂的回收、再生、充注和检漏操作。制冷剂回收加注机的性能优势主要体现在以下几个方面:制冷剂回收率超过97%,旧的制冷剂自动再生,降低维修成本;制冷剂回收加注机内部包含多种车型空调数据,制冷剂、冷冻油加注量不会出错;使过去空调维修工艺得到简化,提高维修的效率。

三 实训时间

实训时间为 20min。

四 实训教学目标

(1)了解制冷剂回收的目的。和操作方法。
(2)掌握制冷剂回收与加注的工艺规范

五　技术标准与要求

(1)确保操作人员及设备安全。

(2)实训车辆使用 R134a 制冷剂,冷冻油的型号为聚烃基乙二醇(PAG)。

(3)对废弃的冷冻油作环保处理。

(4)设备出现异常时,请参照设备使用说明书。

六　实训器材

车辆:实训卡罗拉轿车 1 辆。

AC350 回收加注机

R134a 制冷剂

冷冻油

护目镜

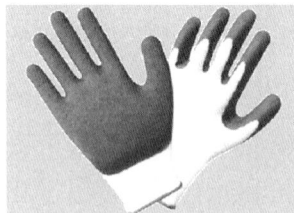

防护手套

清洁布

七　教学组织

1 教学组织形式

本课程为"工艺化"实训课,实训教师 1 名,学生 18 名,实训室共有 3 个实训工位,按照 6 人 1 个工位编组。

2 学生的站位分工和要求

学员按规定的工位站立,按教师的指令同时进行独立的操作。

3 实训教师职责

播放教学视频,并讲解实训项目的操作步骤和相关的注意事项;下达"开始操作"口令;巡视、检查、指导和纠正学生操作中的错误;课堂总结;组织学生对实训室进行清洁整理。

4 学生职责

认真观看教学视频;完成教师布置的任务;做好课后的清洁整理工作。

八 操作步骤

第一步 作业前准备

1 清洁、整理工位,准备工具和设备。

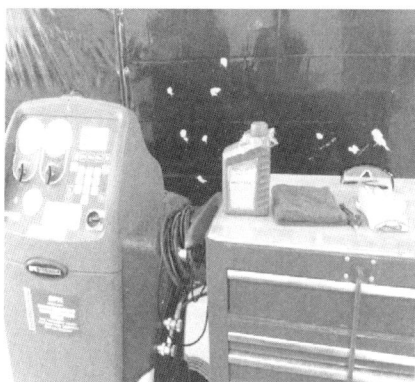

提示

(1)准备车辆的安全防护设备。

(2)准备护目镜、清洁布和防护手套。

(3)准备回收加注机(型号为 AC350)。

2 学员按队列形式站立在实训车辆两边。

提示

学员应穿实训服,站到指定的工位。

3 安装汽车维修防护设备。

提示

(1)安装尾气排气抽气管。

(2)安装车轮挡块。

(3)安装室内座椅套、转向盘套、地板垫。

第二步 制冷剂鉴别已完成
(符合回收标准)

对本车空调管路现有制冷剂进行鉴别。

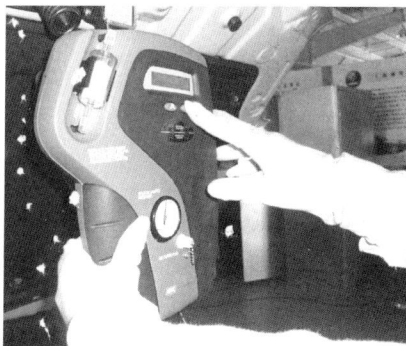

提示

(1)鉴别流程参照本教材制冷剂的纯度和类型鉴别篇章。

(2)如果检测的纯度大于 98% 的,为单一的制冷剂 R134a,就判定为合格的制冷剂,无需净化可以回收。

(3)否则就不能直接回收,另作环保处理。

第三步 AC350 仪器的检查 与空调管路的连接

1 AC350 的面板检查。

提示

(1)检查仪器面板上仪表、显示屏、按键是否正常,有无破损。

(2)检查面板上高低压阀门是否处于关闭位置。

(3)检查罐内制冷剂压力是否在 0.7MPa 以上。

2 检查高、低压软管。

提示

(1)检查高低压软管是否有裂纹或破损情况。

(2)检查快速接头是否处于关闭位置。

3 检查注油瓶内的冷冻油是否清洁、充足。

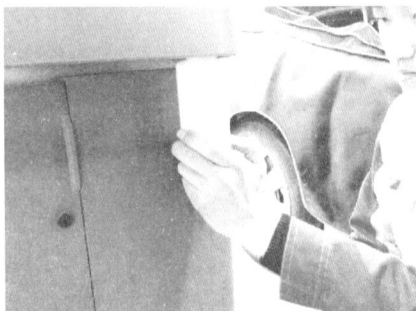

提示

(1)若注油瓶中的冷冻油不足 1/4 时,请及时补充。

(2)若冷冻油长时间不用应及时处理,下次使用时请更换新的冷冻油。

4 检查排油瓶内的冷冻油是否过满。

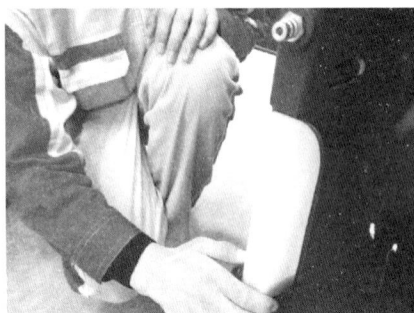

提示

若排油瓶中的冷冻油超过 3/4 时,对排油瓶中的冷冻油作环保处理。

5 开机。

（1）将 AC350 推到发动机舱右侧，离车约 1m 左右的距离。

（2）连接 AC350 电源线。

（3）打开面板上的电源开关键。

6 排气。

（1）按下操作面板中的排气键，排除管路内气体。

（2）听到工作罐有排气的声音，说明排气成功。

7 记录罐内制冷剂量。

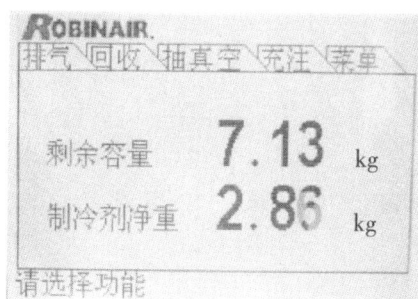

（1）观察显示屏中剩余制冷剂量数值。

（2）记录剩余制冷剂量。

（3）若罐内制冷剂量少于 3kg，则要进行补充。

8 佩戴防护用品。

戴橡胶防护手套、戴护目镜，在空调维修时，若制冷剂发生大量泄漏时保护操作人员人身安全。

9 取下高、低压阀盖。

（1）分别用手逆时针拧下高低压阀盖，将高低压阀盖放在工具车上。

（2）在拧开时注意不要将阀口保护盖掉落到发动机舱内部。

10 清洁高、低压阀口。

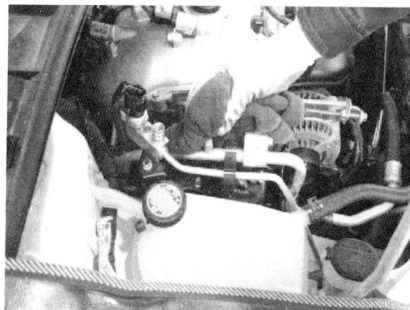

提示

用清洁布清洁高低压维修阀口。

11 连接低压快速接头。

提示

(1)从回收加注机侧面取下低压快速接头并安装在空调制冷管路的低压阀口上。

(2)顺时针慢慢拧开低压快速接头阀门,观察到低压表有压力指示时,继续拧阀门,直到阀门完全打开为止。

(3)在安装低压快速接头后,轻轻拉动快速接头,确保快速接头安装可靠。

12 连接高压快速接头。

提示

(1)从回收加注机侧面取下高压快速接头并安装在空调制冷管路的高压阀口上。

(2)顺时针慢慢拧开高压快速接头阀

(3)在安装高压快速接头后,轻轻拉动快速接头,确保快速接头安装可靠。

13 查看加注机上的压力显示。

提示

(1)此时观察的空调压力为静态压力,可以判断空调加注机红、蓝管路与车是否连接正常。

(2)静态压力也可作为判断空调是否有故障的方法之一。

第四步 回收制冷剂

1 将汽车空调运行3～5min。

提示

(1)起动发动机,打开汽车空调。

(2)使汽车空调运行3～5min。

(3)运行空调时,将发动机转速保持在1500～2000r/min。

2 关闭汽车空调,将发动机熄火。

提示

发动机熄火后等待30s后再进行回收作业。

3 点击操作面板上的回收按钮。

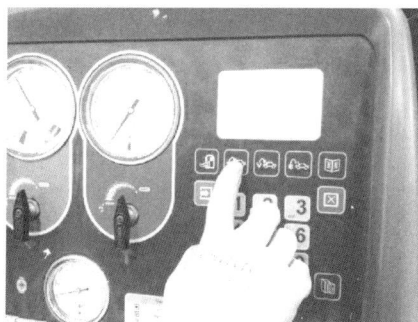

提示

(1)制冷剂回收未达到-10Psi压力时,是无法进行抽真空作业的。

(2)回收时如果低压表指针降到-10Psi超过10s不及时停机,将损坏压缩机。

4 打开面板上的手动低压阀和高压阀。

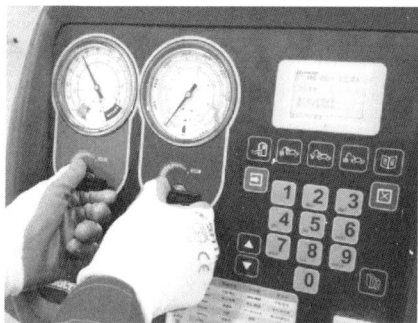

5 按下"开始/确认"键开始回收。

提示

(1)管路自清理1min自动进行。

(2)管路清理完成后自动开始回收制冷剂。

6 按下"停止/取消"键停止回收。

提示

回收的标准是低压表指针降到-10Psi后等待5~10s按下"停止/取消"键停止回收。

7 排油。

提示

(1)当操作界面出现"下一步,排油"时,按下面板上的"开始/确认"键,开始排油。

(2)排油完成后,等待30s的时间,记录排油量。

(3)排油量的计算方式是排出后的瓶内油量减去排油之前的瓶内原有油量。

(4)记录排油量的正确方法是与液位保持水平。

第五步 抽真空

1 第一次抽真空。

提示

(1)按下面板上的"抽真空"键。

(2)制冷剂回收没有降到0kPa压力以下是无法进行抽真空作业的。

2 第一次抽真空。

提示

进行时间设定,按下数字键,设定第一次抽真空时间为3min。

3 打开仪器面板上高低压阀。

提示

在抽真空过程中,如果出现压力指针一直不能到负值黑色区域,应立即停止抽真空程序,避免损坏压缩机。

4 第一次抽真空。

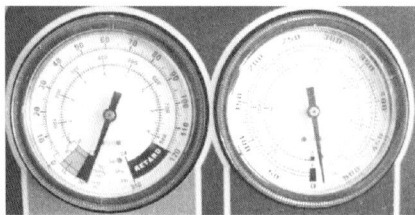

提示

(1)按下"开始/确认"键。

(2)3min后,系统抽真空会自动停止。

(3)观察面板上的高低压表是否降到-90kPa。

5 关闭仪器面板上的低高压阀。

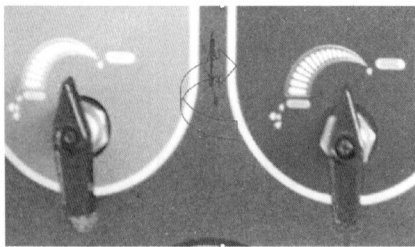

6 保压。

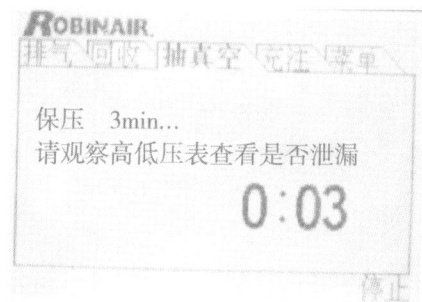

ROBINAIR.
排气 回收 抽真空 完注 零单

保压　3min…
请观察高低压表查看是否泄漏

0:03

停止

提示

（1）当操作界面出现"下一步,保压",按下绿色"开始/确认"键,开始保压。

（2）保压时间1min后自动结束,保压时间是自动进行的,但需要人工观察压力表的显示,若在1min内出现高低压压力有明显回升,则表明系统有泄漏,若有细微回升,则表明系统内还有空气需要再次抽真空。

7 加注冷冻油。

提示

（1）打开高压阀,关闭低压阀。

（2）冷冻油为液体,所以要从高压管注入。

（3）注油瓶油量至少高出注油量的20mL,防止空气进入。

8 加注冷冻油。

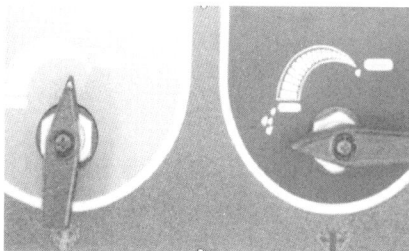

提示

当操作界面出现"下一步,注油",按下绿色"开始/确认"键,开始注油。

9 加注冷冻油。

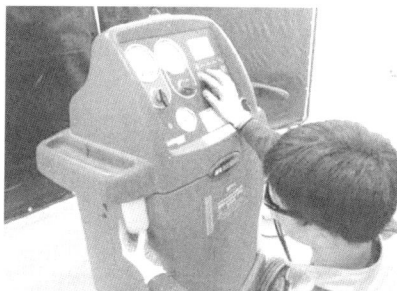

提示

（1）按经验公式,设定注油量为排出量加20mL,按下绿色"开始/确认"键进行注油。

（2）当注油瓶内的液位接近设定的注油量时,按下绿色"开始/确认"键停止注油。按下红色"取消"键,返回原始界面。

10 加注冷冻油。

提示

关闭仪器面板上的高低压阀。

11 第二次抽真空。

提示

再次按下面板上的"抽真空"键,进行第二次抽真空。

12 第二次抽真空。

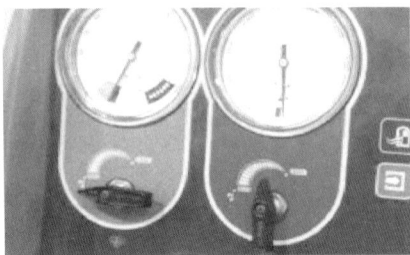

提示

(1)关闭仪器面板上高压阀,打开低压阀。

(2)第二次抽真空要从低压管抽真空,应为冷冻油是从高压管注入,如果从低压管抽真空,要把之前的冷冻油抽回到机器内部。

13 第二次抽真空。

提示

设定抽真空时间为5min。

14 第二次抽真空。

提示

按下绿色"开始/确认"键,开始抽真空。

(1)5min后,系统抽真空自动停止。

(2)在抽真空过程中,如果出现压力指针一直不能到负值黑色区域,应立即停止抽真空程序,避免损坏压缩机。

15 第二次抽真空。

提示

(1)关闭仪器面板上的高低压阀。

(2)观察面板上的高低压表是否在−90kPa。

第六步 充注制冷剂与设备管路自清理

1 查看维修手册,查阅制冷剂的型号和充注量。

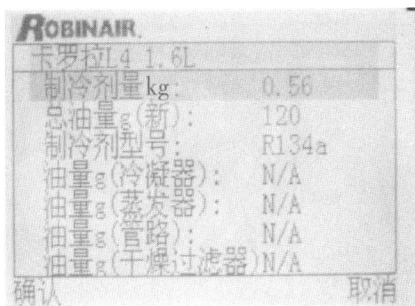

ROBINAIR.	
卡罗拉L4 1.6L	
制冷剂量kg:	0.56
总油量g(新):	120
制冷剂型号:	R134a
油量g(冷凝器):	N/A
油量g(蒸发器):	N/A
油量g(管路):	N/A
油量g(干燥过滤器)	N/A
确认	取消

2 点击操作面板上的"充注"键。

3 用数字键设定充注量。

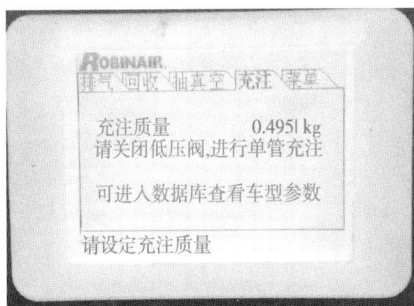

提示

(1)根据维修提示,卡罗拉轿车充注量为0.450kg,充注后加注机软管内会剩余0.045kg,所以设定的充注量为0.495kg。

(2)用面板上的数字键进行选择。

4 打开面板高压阀,关闭低压阀。

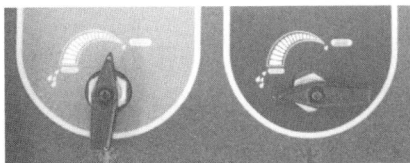

5 打开高压阀,关闭低压阀和管路上的低压快速接头阀门。

6 按下绿色"开始/确认"键,自动开始按量充注。

提示

若界面上提示"充注缓慢"说明罐内制冷剂压力不足,应该停止充注,对罐内制冷剂进行补充(或自循环)后再进行充注。

7 充注完成后,关闭仪器面板上的高低压阀。

8 关闭高、低压快速管接头阀门。

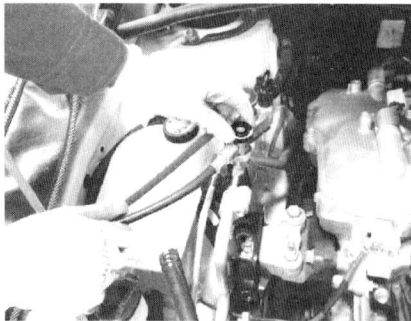

提示

将高、低压快速管接头阀门逆时针拧到底。

9 取下高、低压快速管接头。

提示

(1)取下后,清洁高低压快速接头。

(2)将高低压软管安装在回收加注机机体上。

10 点击界面出现"下一步,管路清理",按下绿色"开始/确认"键,开始管路清理。

提示

打开面板上的高低压阀。

11 使用电子检漏仪(RA007)对高低压阀口进行检漏。

提示

(1)灵敏度调整到第三格位置。

(2)检查低压维修阀口与低压维修阀口有无泄漏。电子检漏探头离阀口的距离应小于30mm(探头不要碰到接口)。

(3)沿管路下沿检查。

12 还原设备。

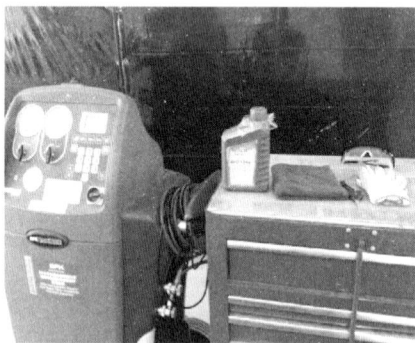

提示

(1)管路清理完成后,关闭高低压阀。按下红色"取消"键,退回到初始界面。

(2)清洁回收加注机,将回收加注机推放到指定位置。

第七步 整理、整顿

整理工位。

提示

（1）整理设备、工具。
（2）整理汽车、清洁汽车。
（3）将汽车停入指定的位置。
（4）将工具放回指定的位置。

九 考核标准

1 工作记录表

汽车空调制冷剂回收、抽真空和加注作业记录表

汽车型号		学生姓名	
发动机型号		VIN 编号	
步骤	作业项目	数据结果	
1.初抽真空	抽真空时间设定		
	抽真空结果		
2.保压	保压后真空度		
	结果判断		
3.注油	排出油量		
	注油瓶的油量		
	设定注油量		
	实际注油量		
4.抽真空	抽真空时间设定		
	抽真空结果		
5.定量加注制冷剂	加注量设定		
	加注结果		
6.管路回收	管路回收结果		

2 工作考评表

汽车空调制冷剂的回收、抽真空和加注考评表

考评人　　　　　　操作人　　　　　　日期　　　　　　时间

考核时间	操作步骤	序号	考核项目	满分(分)	评分标准	得分
	第一步作业前准备	1	着装规范	4	酌情扣分	
		2	作业前整理工位	4	酌情扣分	
20min	第二步AC350仪器的检查与空调管路的连接	3	检查仪器面板上仪表、显示屏、按键是否正常,有无破损。检查面板上高低压阀是否处于关闭位置。检查罐内制冷剂压力是否在0.7MPa以上	2	检查不到位扣2分	
		4	检查高低压软管接头处是否连接正常,快速接头是否处于关闭位置	3	检查不到位扣2分	
		5	检查注油瓶内的冷冻油是否清洁、充足	3	检查不到位扣2分	
		6	检查排油瓶内的冷冻油是否过满	3	检查不到位扣2分	
		7	将 AC350 推到发动机舱右侧,离车1m左右的距离。连接 AC350 电源线,打开面板上的电源开关键	2	酌情扣分	
		8	按下操作面板中的排气键,排除管路内气体	1	酌情扣分	
		9	佩戴橡胶手套和护目镜	2	酌情扣分	

续上表

考核时间	操作步骤	序号	考 核 项 目	满分（分）	评 分 标 准	得分
20min	第三步 回收 制冷剂 过程	10	连接低压快速接头，连接高压快速接头	1	酌情扣分	
		11	观察显示屏中剩余制冷剂量数值	1	酌情扣分	
		12	记录剩余制冷剂量	1	酌情扣分	
		13	检查驻车制动器和挡位	2	酌情扣分	
		14	起动发动机、打开空调运行 3～5min	2	酌情扣分	
		15	点击操作面板上的回收按钮。打开面板上的高、低压手阀	2	检查不到位扣2分	
		16	按下"开始/确认"键开始回收。管路自清理1min 自动进行	3	检查不到位扣2分	
		17	回收的标准是低压表指针降到 -10Psi 后，等待5～10s 按下"停止/取消"键停止回收	2	操作不到位扣2分	
	第四步 排泄 冷冻油 过程	18	关闭面板上的高低压阀手阀	2	酌情扣分	
		19	当操作界面出现"下一步，排油"时，按下面板上的"开始/确认"键，开始排油	2	操作不到位扣2分	
		20	排油完成后，等待30s的时间，记录排油量	1	酌情扣分	
		21	排油量的计算方式是排出后的瓶内油量减去排油之前的瓶内原有油量	1	检查不到位扣4分	

考核时间	操作步骤	序号	考核项目	满分(分)	评分标准	得分
20min	第五步系统抽真空过程	22	当操作界面出现"下一步,抽真空"时,按下数字键,设定第一次抽真空时间为3min,打开仪器面板上高低压阀	2	操作不到位扣2分	
		23	按下"开始/确认"键,开始抽真空,3min后,系统抽真空会自动停止	1	操作不到位扣1分	
		24	关闭仪器面板上的高低压阀,观察面板上的高低压表是否在−90kPa	1	酌情扣分	
		25	注油过程	1	酌情扣分	
		26	打开高压阀,关闭低压手阀	1	酌情扣分	
		27	当操作界面出现"下一步,注油",按下绿色"开始/确认"键,开始注油	1	酌情扣分	
		28	垂直观察冷冻油的下降量,按经验公式设定注油量为排出量+20mL,按下"开始/确认"键进行注油	1	酌情扣分	
		29	当注油瓶内的液位接近设定的注油量时,按下绿色"开始/确认"键停止注油。按下红色"取消"键,返回原始界面	1	操作不到位全扣分	

续上表

考核时间	操作步骤	序号	考核项目	满分（分）	评分标准	得分
20min	第五步系统抽真空过程	30	关闭仪器面板上高压阀，打开低压阀	1	酌情扣分	
		31	按下抽真空键，设定抽真空时间为5min	1	检查不到位扣1分	
		32	按下绿色"开始/确认"键，开始抽真空。5min后，系统抽真空自动停止	1	酌情扣分	
		33	观察面板上的高低压表是否在-90kPa，关闭仪器面板上的高低压阀	3	检查不到位扣3分	
	第六步充注制冷剂过程	34	当操作界面出现"下一步，保压"，按下绿色"开始/确认"键，开始保压。保压时间为1min	2	检查不到位扣2分	
		35	查看维修手册，查阅制冷剂的型号和充注量	2	酌情扣分	
		36	当操作界面出现"下一步，充注"，用数字键设定充注量	1	操作不到位扣1分	
		37	打开面板高压阀，关闭低压阀	1	酌情扣分	
		38	关闭管路上的低压快速接头阀门，确认高压管上快速阀门处于打开位置	1	酌情扣分	
		39	按下绿色"开始/确认"键，自动开始按量充注	2	操作不到位扣2分	

续上表

考核时间	操作步骤	序号	考核项目	满分(分)	评分标准	得分
20min	第六步 充注制冷剂过程	40	充注完成后,关闭仪器面板上的高低压阀	2	检查不到位扣2分	
		41	将高压快速管接头阀门逆时针拧到底,关闭高压快速管接头	2	酌情扣分	
		42	将快速管接头从高压阀口处取下,将快速管接头从低压阀口处取下	2	酌情扣分	
		43	打开面板上的高低压阀	2	酌情扣分	
		44	点击界面出现"下一步,管路清理",按下绿色"开始/确认"键,开始管路清理	2	酌情扣分	
		45	对高低压维修阀口进行电子检漏	2	酌情扣分	
	其他	46	整理工作台	8	操作不当扣4分	
		47	安全操作	12	零件是否有跌落,若有,每次扣2分;工具是否有损坏,若有,每次扣2分;扣完为止	
		48	操作时间		每超时1min扣2分,超时5min终止考试	
		49	遵守相关安全规范		因违规操作造成人身和设备事故的,总分按0分计	
	分数合计			100	选手实际得分	

任务7 汽车空调的竣工检查

空调维修后,要竣工检查,检验空调是否能正常工作。

二 知识链接

(1)制冷系统的维修离不开温度、压力和湿度的对比关系,目前市场上绝大多数的空调检修设备都是采集单一的某个信号,维修方法不全面。空调故障诊断仪采集的是6个温度信号、2个压力信号和2个湿度信号,这些采集的信号输入设备后对比仪器内部程序中已设定合格的空调检修程序,分析判断空调是否合格,若不合格,给出大致的维修范围,缩短维修时间,提高维修效率。部件组成如下图所示。

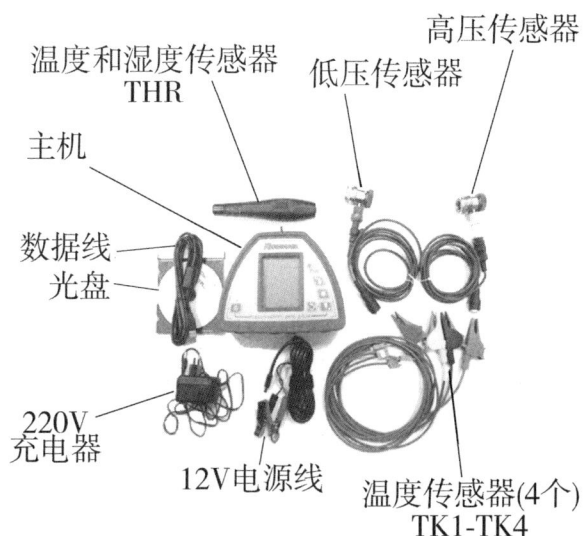

热偶温度探针输入(TK1-TK4)

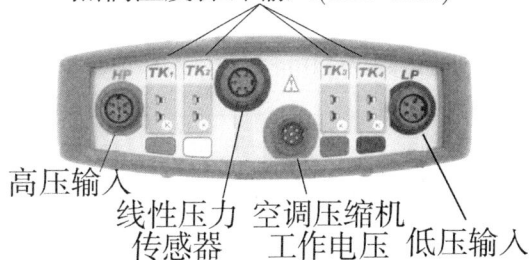

高压输入
线性压力传感器
空调压缩机工作电压
低压输入

(2)空调故障诊断仪使用的作业流程。空调故障诊断仪是依据环境温度、湿度及空调工作时的各管路部件的温度和内部高低压力的参数得出合理的诊断结果,如下图所示。

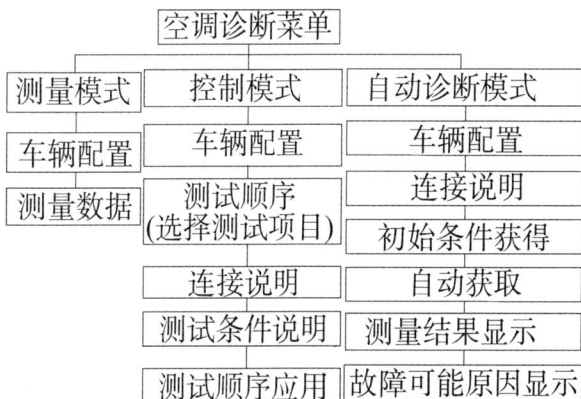

温度和湿度传感器 THR
高压传感器
低压传感器
主机
数据线
光盘
220V充电器
12V电源线
温度传感器(4个) TK1-TK4

空调诊断菜单		
测量模式	控制模式	自动诊断模式
车辆配置	车辆配置	车辆配置
测量数据	测试顺序(选择测试项目)	连接说明
	连接说明	初始条件获得
	测试条件说明	自动获取
	测试顺序应用	测量结果显示
		故障可能原因显示

(3)空调故障诊断仪各传感器在实车上测量位置如下表所示。

各传感器在实车上测量位置

项　　目	测量部位	测量元件	无线/有线
低压测制冷剂压力	低压维修接口	低压快速连接器(蓝色)	有线
高压侧制冷剂压力	高压维修接口	高压快速连接器(红色)	有线
冷凝器入口温度	冷凝器入口金属管路	TK1探针(红色)	有线
冷凝器出口温度	冷凝器出口金属管路	TK2探针(黄色)	有线
蒸发器入口温度	蒸发器入口金属管路	TK3探针(黑色)	有线
蒸发器出口温度	蒸发器出口金属管路	TK4探针(蓝色)	有线
环境温度和相对湿度	距车辆2m部位	THR传感器	无线
出风温度和相对湿度	中央出风口部位	THR传感器	无线
制冷剂压力信号	压力传感器的信号线	HP 1000电缆(选装)	有线
车辆电源	车辆供电电压	CRCO PSA电缆(选装)	有线

三　实训时间

实训时间为20min。

四　实训教学目标

（1）学会空调故障诊断仪的正确使用方法。

（2）掌握空调故障诊断仪数据判断故障的性能方法。

五　技术标准与要求

（1）注意操作人员及设备安全。

（2）设备出现异常时,请参照设备使用说明书解决。

六　实训器材

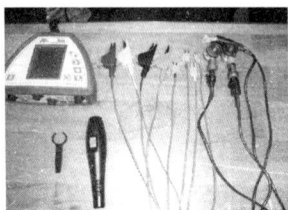  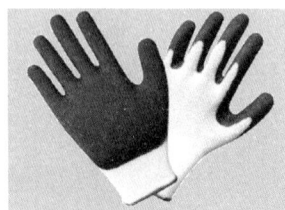

空调故障诊断仪　　　　　护目镜　　　　　防护手套

清洁布　　　　　　　　电子检漏仪

七　教学组织

1 教学组织形式

本课程为"工艺化"实训课,实训教师1名,学生24名,实训室共有6个实训工位,按照4人1个工位编组。

2 学生的站位分工和要求

学员按规定的工位站立,按教师的指令同时进行独立的操作。

3 实训教师职责

播放教学视频,并讲解实训项目的操作步骤和相关的注意事项;下达"开始操作"口令;巡视、检查、指导和纠正学生操作中的错误;课堂总结;组织学生对实训室进行清洁整理。

4 学生职责

认真观看教学视频;完成教师布置的任务;做好课后的清洁整理工作。

八　操作步骤

第一步　作业前准备

1 学员清洁、整理工位,准备好相关的工具和物品。

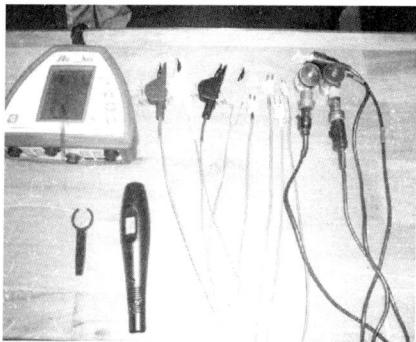

提示

本次操作学员需要的设备有车轮挡块、室内三件套、翼子板布、防护手套、护目镜、空调故障诊断仪。

2 学员按队列形式站立在实训车辆两边。

学员应穿实训服,站到指定的工位。

3 安装汽车维修防护设备。

(1)安装尾气排气抽气管。

(2)安装车轮挡块。

(3)安装室内座椅套、转向盘套、地板垫。

第二步 连接空调故障诊断仪

1 检查空调故障诊断仪配件是否齐全。

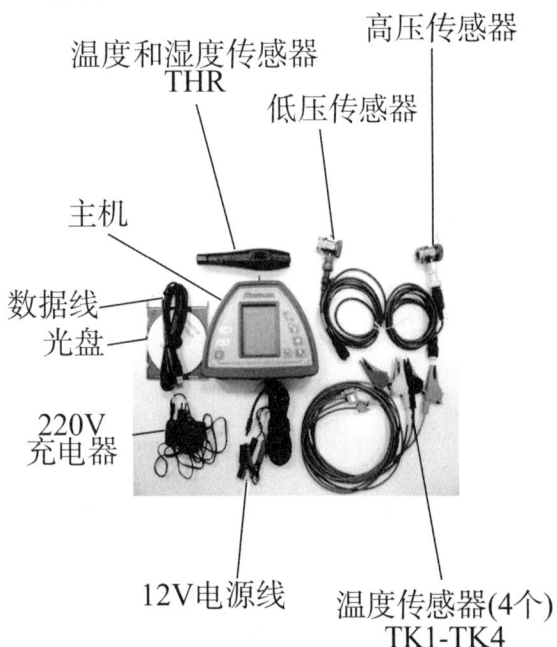

配件包括主机、温度和湿度传感器(THR)、高压传感器、低压传感器、4 个温度传感器、电源连接线。

2 检查主机面板是否损坏。

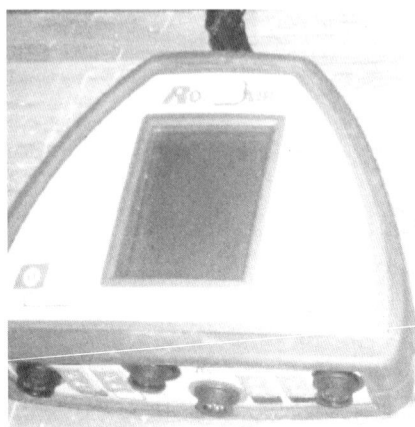

(1)检查显示屏是否破裂、损坏。

(2)检查各按键是否正常。

(3)若有损坏请返厂维修。

3 检查高低压传感器及温度测试线测试端口是否有损坏。

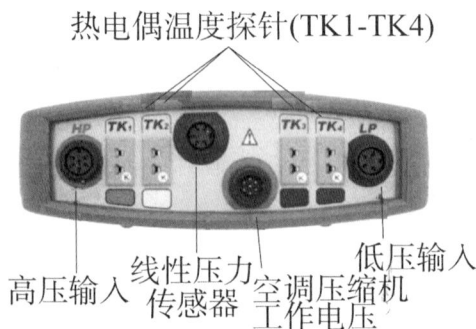

(1)各测试端口是否有破损或异物

堵塞。

(2)各端口是否有晃动或损坏。

(3)若有损坏请返厂维修。

4 检查高低压传感器线束是否有损坏。

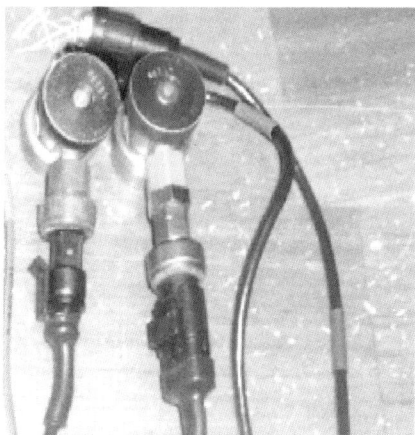

提示

(1)快速接头是否正常。

(2)线束插头是否有松动或弯曲。

(3)若有损坏请返厂维修。

5 检查温度传感器线束是否正常。

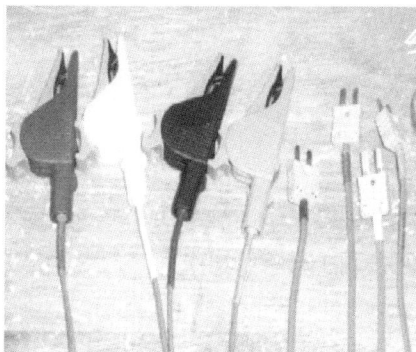

提示

(1)检查温度传感器探头是正常。

(2)检查线束是否有破损或弯曲变形。

(3)若有损坏请返厂维修。

6 检查THR传感器。

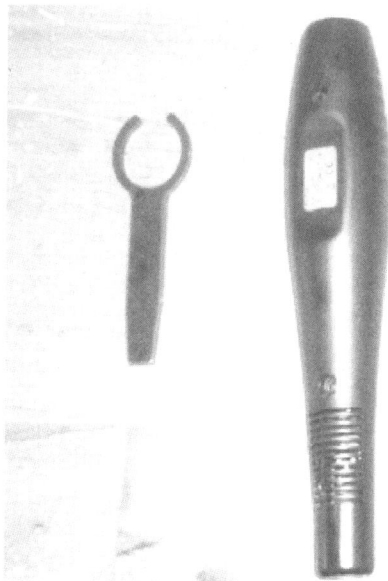

提示

(1)检查THR传感器外观是否完整。

(2)检查传感器卡口是否有破损或断裂。

(3)若有损坏请返厂维修。

7 连接高低压传感器和温度传感器。

提示

(1)线束和仪器本身的缺口卡槽对准。

(2)顺时针旋转线束头部锁止装置,使其安装可靠。

(3)轻轻拉线束,确保线束连接正常。

8 连接温度测试线。

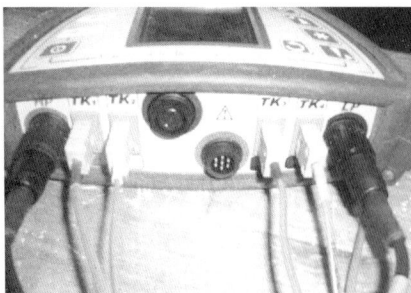

提示

确保安装的温度线束颜色和仪器底部卡槽颜色一致。

9 将空调故障诊断仪悬挂在发动机舱盖上的挂钩上。

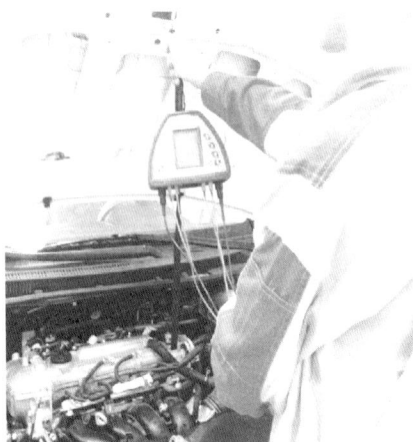

10 拧下高、低压维修阀保护盖。

提示

拧下保护盖后，要拿稳，以防保护盖掉落到发动机舱内。

11 清洁高、低压维修阀口。

12 清洁高压传感器。

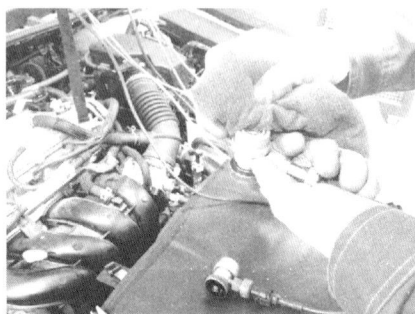

13 将高压传感器连接到高压维修阀口上。

提示

连接压力传感器之前,确认快速阀门处于关闭位置。

14 打开高压快速阀阀门。

顺时针旋转阀门到最大开度,使内部制冷剂与压力传感器连通。

15 将低压传感器连接到低压维修阀上。

(1)类同连接高压传感器,连接压力传感器之前,确认快速阀门处于关闭位置。

(2)清洁低压阀口。

(3)清洁低压传感器。

(4)将低压传感器连接到低压维修阀上。

16 打开低压快速阀阀门。

顺时针旋转阀门到最大开度,使内部制冷剂与压力传感器连通。

17 将 TK1 温度传感器(红色)连接到冷凝器进口的金属管路上。

(1)温度传感器内部有热敏电阻,测量时,注意要与金属部件接触,才能得到温度数据。

(2)测量线束避免接触到高温部件。

18 将 TK2 温度传感器(黄色)连接到冷凝器出口的金属管路上。

(1)温度传感器内部有热敏电阻,测量时,注意要与金属部件接触,才能得到温度数据。

(2)测量线束避免接触到高温部件。

19 将 TK3 温度传感器(黑色)连接到膨胀阀进口的金属管路上。

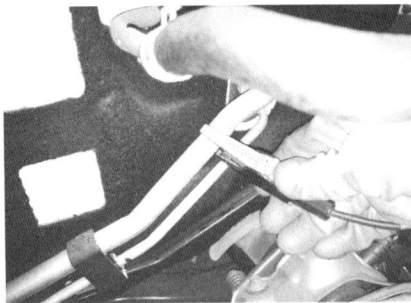

提示

(1)温度传感器内部有热敏电阻,测量时,注意要与金属部件接触,才能得到温度数据。

(2)测量线束避免接触到高温部件。

20 将 TK4 温度传感器(蓝色)连接到蒸发器出口的金属管路上。

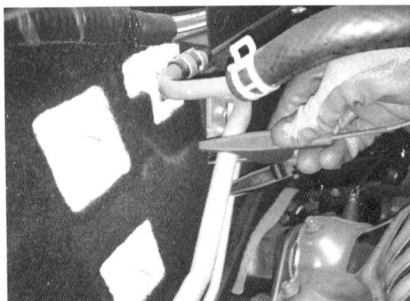

提示

(1)温度传感器内部有热敏电阻,测量时,注意要与金属部件接触,才能得到温度数据。

(2)测量线束避免接触到高温部件。

21 整理测试线束。

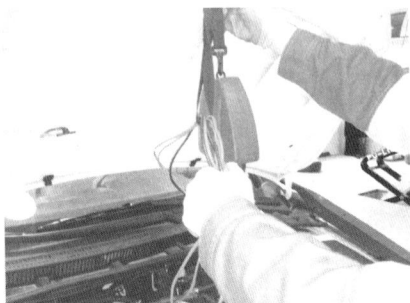

第三步 测试汽车空调效果

1 空调故障诊断仪开机。

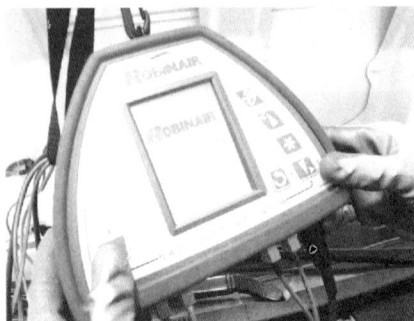

提示

长按开机2s,设备自动开机;长按开机2s,设备自动关机。

2 空调故障诊断仪目录介绍。

提示

(1)主页上有三项显示窗口"空调诊断菜单""存储器菜单""系统设置菜单"。

(2)"存储器"菜单显示上几次测试的结果数据。

(3)"系统设置菜单"内有设备语言选择、日期选择等项目。设备没有汉化,没有中文显示。

3 选择空调诊断菜单。

提示

用光标键选择"空调诊断菜单"菜单,按下"确认"键进入下一级子目录。

4 选择测量模式。

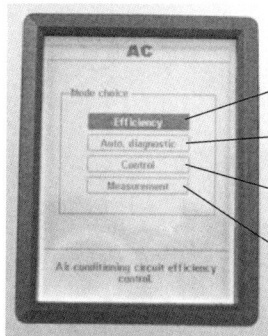

效率菜单
自动诊断菜单
控制菜单
测量菜单

提示

本次教学选用的是测量模式。按下"确认"键进入下一节子目录。

5 选择汽车空调的配置类型。

维修接口阀门(两阀、低压阀或高压阀)
空调压缩机类型(可变或定排量)
压力传感器类型(线性或机械)
膨胀装置类型(膨胀阀事节流管)

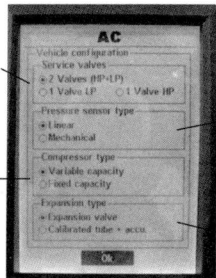

提示

(1)根据本实训车维修手册提示,本车使用:线性压力传感器、变排量压缩机、膨胀阀式膨胀阀、双维修阀。

(2)若需要更改系统内默认的配置类型,用光标键进行选择,然后按下"确认"键。

6 采集环境温度和湿度信号。

2m
确认键

提示

(1)将THR传感器离车2m外。

(2)长按击THR传感器的按钮2s,将环境温度和湿度信号无线传送到空调故障诊断仪主机。

(3)查看数据是否传送给空调故障诊断仪显示屏中。

7 仪器显示环境温度和湿度信号。

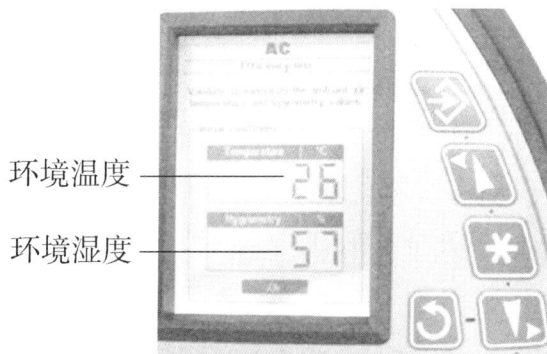

环境温度
环境湿度

提示

(1)THR传送的一个区域的环境温度和湿度,所以测量点应该避免高温干扰区域。

（2）手持区域尽量避开 THR 的信号采集点。

（3）若 THR 发送给主机的环境温度低于 15℃，仪器默认不允许进入下一步测试。

8 根据仪器提示起动发动机，打开空调运行 3～5min。

提示

起动发动机注意周围人员安全，测试线是否连接可靠，避免靠近高温或运动部件。

9 降下全车车窗。

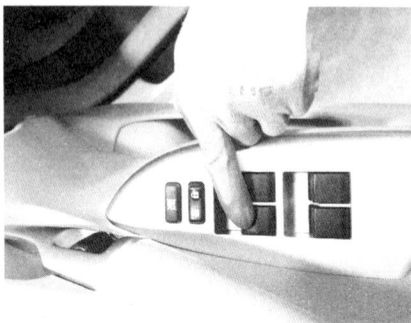

提示

这是空调性能测试的条件之一。

10 打开全车车门。

提示

这是空调性能测试的条件之一。

11 将空气循环模式跳到外循环模式。

提示

（1）这是空调性能测试的条件之一。

（2）内外循环指示灯在不工作熄灭情况下是外循环模式。

12 温度调到最冷模式。

提示

这是空调性能测试的条件之一。

13 出风模式调到迎面吹。

提示

（1）这是空调性能测试的条件之一。

（2）迎面吹各出风口的开关处于打开状态。

14 进入测量模式。

提示

（1）在环境温度和湿度显示模式下点击"确认"按键，进入测量模式界面。

（2）测量模式下有8个数据显示窗口，如上图所示。

15 将发动机转速维持在1800~2200r/min。

提示

这个范围的转速是发动机的最常用工况转速。

16 记录测量数据。

提示

空调故障诊断仪显示的界面有8项数据。

17 根据数据分析空调性能。

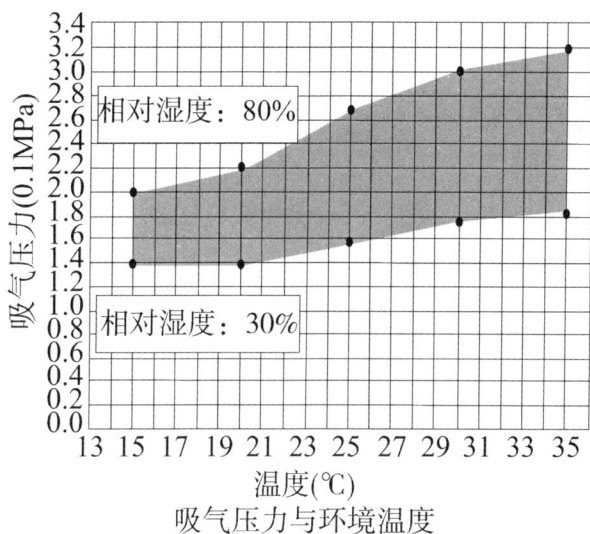
吸气压力与环境温度

提示

（1）根据低压压力和环境温度画表。

（2）横坐标为环境温度，纵坐标为空调工作时低压压力。

（3）当相对湿度大于30%、小于80%时，不做空调性能测试。

18 根据数据分析空调性能。

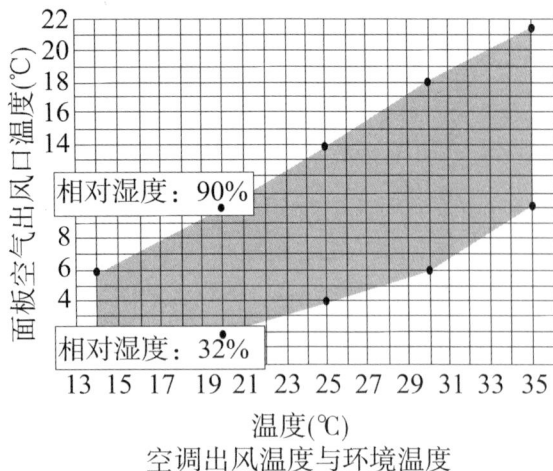

空调出风温度与环境温度

提示

(1)根据出风口温度和环境温度画表。

(2)横坐标为环境温度,纵坐标为空调工作时低压压力。

(3)当相对湿度大于30%、小于80%时,不做空调性能测试。

第四步 整理、整顿

1 回收空调故障诊断仪。

提示

(1)回收时做好防护。

(2)拆卸空调温度传感器或压力传感器时,注意人或测试线束触碰到高温物体。

(3)仪器轻拿轻放。

2 对高低压维修阀口进行电子检漏。

提示

在实训操作中触碰过的空调维修阀口,都要进行电子检漏,检查触碰过后的高低压阀口是否密封良好。

3 回收设备。

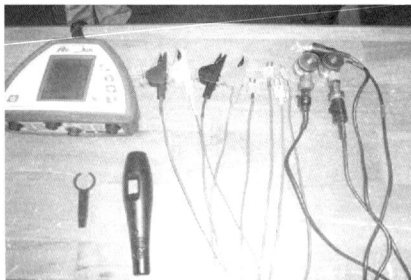

4 整理工位。

提示

(1)整理设备、工具。

(2)整理汽车、清洁汽车。

(3)将汽车停入指定的位置。

(4)将工具放回指定的位置。

九 考核标准

1 工作记录表

空调故障诊断仪测量数据记录表

汽车型号		学生姓名	
发动机型号		VIN 编号	
步骤	作业项目	结果分析	
空调性能检验	空调系统类型设置		
	高压侧压力		
	低压侧压力		
	环境温度		
	环境湿度		
	空调出风口温度		
	空调出风口湿度		
	根据吸气压力与周围环境温度图表进行标注		
	根据送风温度与周围环境温度图表进行标注		

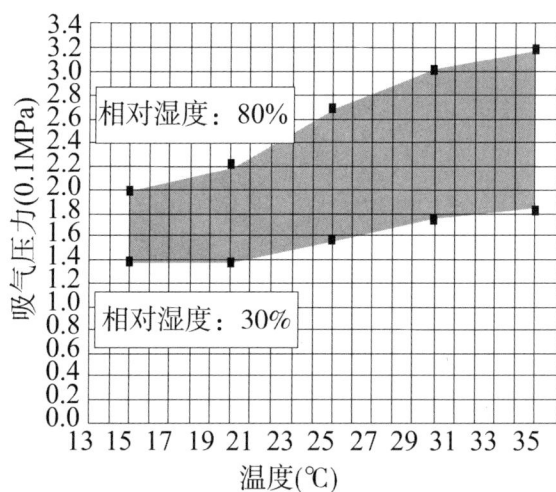

吸气压力与环境温度

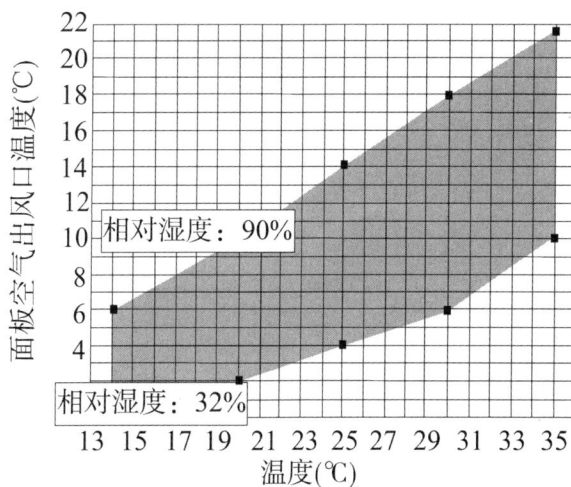

空调出风温度与环境温度

2 工作考评表

汽车空调的竣工检查考评表

考评人　　　　　　操作人　　　　　　日期　　　　　　时间

考核时间	操作步骤	序号	考核项目	满分(分)	评分标准	得分
20min	第一步 作业前 准备	1	着装规范	4	酌情扣分	
		2	作业前整理工位	4	酌情扣分	
	第二步 空调 故障 诊断仪 的面板 检查	3	检查空调故障诊断仪配件是否齐全	1	检查不到位扣1分	
		4	检查主机面板是否有损坏	1	检查不到位扣1分	
		5	检查高低压传感器及温度测试线测试端口是否有损坏	1	检查不到位扣1分	
		6	检查高、低压传感器及温度测试线测试端口是否有损坏	1	检查不到位扣1分	
		7	检查温度传感器线束是否正常	1	检查不到位扣1分	
		8	检查THR传感器		检查不到位扣1分	
		9	连接高低压传感器和温度传感器	1	酌情扣分	
		10	检查温度测试线	1	酌情扣分	
	第三步 连接 空调 故障 诊断仪	11	将空调故障诊断仪悬挂在发动机舱盖上的挂钩上	2	操作不当扣2分	
		12	拧下高、低压维修阀保护盖	1	操作不当扣1分	
		13	清洁高、低压维修阀口	3	清洁不到位扣3分	

考核时间	操作步骤	序号	考核项目	满分(分)	评分标准	得分
20min	第三步 连接 空调 故障 诊断仪	14	清洁高压传感器	1	酌情扣分	
		15	将高压传感器连接到高压维修阀口上	3	酌情扣分	
		16	打开高压快速阀阀门	1	酌情扣分	
		17	将低压传感器连接到低压维修阀上	1	操作不当扣1分	
		18	打开低压快速阀阀门	1	操作不当扣1分	
		19	将TK1温度传感器(红色)连接到冷凝器进口的金属管路上	3	酌情扣分	
		20	将TK2温度传感器(黄色)连接到冷凝器出口的金属管路上	3	酌情扣分	
		21	将TK3温度传感器(黑色)连接到膨胀阀进口的金属管路上	3	酌情扣分	
		22	将TK4温度传感器(蓝色)连接到蒸发器出口的金属管路上	3	酌情扣分	
		23	整理测试线束	1	酌情扣分	
	第四步 测试 汽车 空调 效果	24	诊断仪开机	1	酌情扣分	
		25	选择空调诊断菜单	1	酌情扣分	
		26	选择测量模式	1	酌情扣分	
		27	选择车辆空调配置类型	1	酌情扣分	
		28	采集环境温度和湿度信号	1	酌情扣分	

续上表

考核时间	操作步骤	序号	考 核 项 目	满分(分)	评 分 标 准	得分
20min	第四步 测试 汽车 空调 效果	29	根据仪器提示:起动发动机,打开空调运行3~5min	3	操作不到位扣3分	
		30	降下全车车窗	3	酌情扣分	
		31	打开全车车门	3	酌情扣分	
		32	鼓风机达到最大挡位	3	酌情扣分	
		33	将空气循环模式调到外循环模式	3	酌情扣分	
		34	温度调到最冷模式。	3	酌情扣分	
		35	出风模式调到迎面吹	3	检查不到位扣2分	
		36	进入测量模式	3	酌情扣分	
		37	将发动机转速维持在1800~2200r/min	3	检查不到位扣2分	
		38	记录测量数据	5	检查不到位扣2分	
		39	画空调性能表	5	酌情扣分	
		40	对高低压维修阀口进行电子检漏	5	检查不到位扣2分	
	其他	41	整理工作台	3	操作不当扣2分	
		42	安全操作	8	零件是否有跌落,若有,每次扣2分;工具是否有损坏,若有,每次扣2分;扣完为止	
		43	操作时间		每超时1min扣2分,超时5min终止考试	
		44	遵守相关安全规范		因违规操作造成人身和设备事故的,总分按0分计	
分数合计				100	选手实际得分	

任务 8 汽车空调压缩机的检测与更换

一 情景导入

一辆卡罗拉轿车,夏天打开汽车空调后发现制冷效果不好。用压力表测量后发现,该车空调系统的静态压力值在正常范围内。打开汽车空调后观察压力发现异常,低压压力偏高,高压压力偏低,根据维修手册提示,可确认为该空调系统为压缩机损坏所致,要求更换压缩机。

二 知识链接

1 汽车空调压缩机的功用

压缩机是空调制冷系统的心脏,能使制冷剂在系统中产生循环,从蒸发器出来的低温低压的气态制冷剂,在压缩机的作用下,压缩为高温高压的气态制冷剂,并使气态制冷剂进入冷凝器中。

2 汽车空调压缩机的类型

汽车空调压缩机的类型如下图所示。

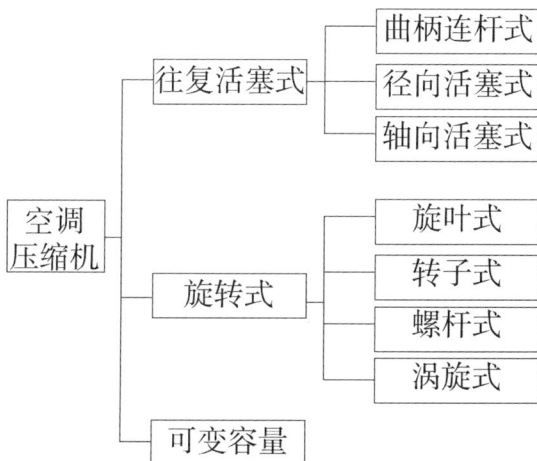

3 压缩机的工作原理

斜盘式

曲轴连杆式

轴向活塞式

旋叶式

压缩机的工作原理如下图所示。

(1)压缩过程:活塞在发动机皮带的带动下,在气缸内运动。当活塞运动到缸内最低点(下止点)时,气缸内充满了制冷剂气体,活塞再上行时缸内容积逐渐减小,密闭在气缸内的制冷剂气体压力和温度不断地升高,即制冷剂在气缸内从进气时的低压制冷剂气体升高到排气时高压、高温的制冷剂气体过程称为压缩过程。

（2）排气过程:活塞继续上行,气缸内的制冷剂气体压力不再升高,而是不断地通过排气阀向排气管输出,制冷剂从气缸内向排气管输出的过程称为排气过程。

（3）膨胀过程:当活塞再次下行,排气阀关闭,可进气阀并不能马上打开,进气管内的气体不能马上进入气缸,使其压力下降到气缸内的压力稍低于进气管内的压力时,进气阀才能打开,活塞从上止点向下移动到进气阀打开的过程称为膨胀过程。

（4）进气过程:低压制冷剂气体便不断地

由蒸发器经进气管和进气阀进入气缸,直到活塞下行至下止点为止,这一过程称为进气过程。

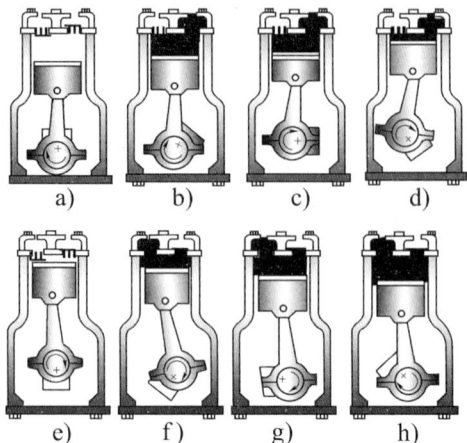

a)   b)   c)   d)

e)   f)   g)   h)

三 实训时间

实训时间为 20min。

四 实训教学目标

（1）了解汽车空调压缩机的功用及分类。

（2）掌握压缩机的就车检测方法与更换维修工艺。

五 技术标准与要求

安全操作。

六 实训器材

压缩机

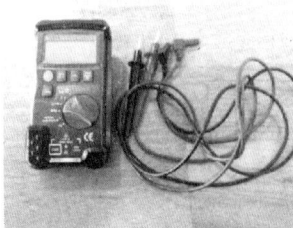

万用笔

蓄电池

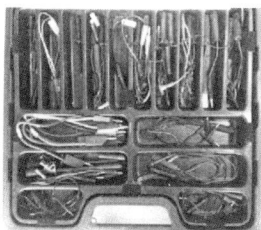
测试线

聚乙烯胶带

塞尺

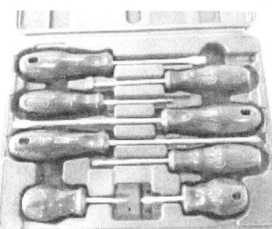
螺丝刀套组

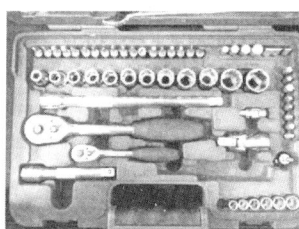
常用工具

清洁布

七　教学组织

1 教学组织形式

本课程为"工艺化"实训课,实训教师1名,学生18名,实训室共有3个实训工位,按照6人1个工位编组。

2 学生的站位分工和要求

学生按规定的工位站立,按教师的指令同时进行独立的操作。

3 实训教师职责

播放教学视频,并讲解实训项目的操作步骤和相关的注意事项;下达"开始操作"口令;巡视、检查、指导和纠正学生操作中的错误;课堂总结;组织学生对实训室进行清洁整理。

4 学生职责

认真观看教学视频;完成教师布置的任务;做好课后的清洁整理工作。

八　操作步骤

第一步　作业前准备

1 清洁、整理工位,准备好相关的工具和物品。

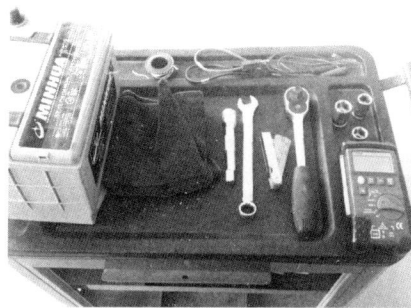

提示

(1) 准备车辆的安全防护设备。

(2) 准备实训用的设备。

2 学员按队列形式站立在实训车辆两边。

提示

学员应穿实训服,站到指定的工位。

3 安装汽车维修防护设备。

提示

(1) 安装尾气排气抽气管。

(2) 安装车轮挡块。

(3) 安装室内座椅套、转向盘套、地板垫。

(4) 安装翼子板布、前格栅布。

注意事项:操作时要起动汽车、打开

空调,便于散热,所以需要把前格栅布掀起。

4 对空调管路内的制冷剂进行回收。

提示

更换制冷剂前需进行回收制冷剂。若不回收制冷剂,直接更换制冷剂会导致制冷剂释放到大气中。

第二步 拆卸空调压缩机

1 举升车辆。

提示

(1) 确保举升机完好,可以正常举升和下降。

(2) 举升车辆注意事项参照二级维护项目举升机的使用作业项目。

2 拆卸发动机塑料护板。

提示

（1）用套筒拧出三个固定螺钉。

（2）用手取下发动机的塑料护板。

3 脱开压缩机电磁离合器连接器。

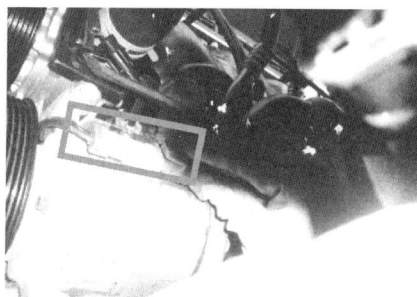

提示

（1）用手先搬开空调电磁离合器连接器上的锁止卡扣。

（2）向后拉动连接器的后端直到连接器完全脱开为止。

4 旋松传动带张紧轮。

提示

用12号开口扳手拧松张紧器的固定螺栓。

5 脱开空调传动带，并取下空调传动带。

提示

（1）用开口扳手向驾驶舱拉动一定角度。

（2）用手顺势脱开张紧器附近的传动带。

6 脱开压缩机高压侧空调管路。

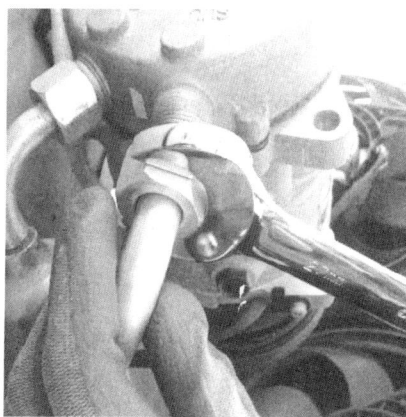

提示

用套筒加棘轮扳手旋开高压管路的固定螺栓。

7 用绝缘胶带密封高压侧空调管接口,以防异物进入低压管路。

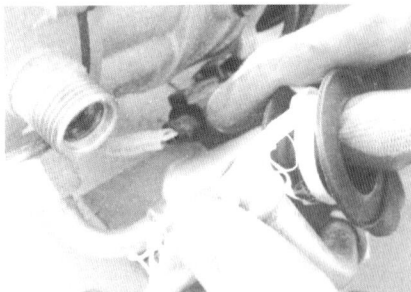

提示

(1)拆下压缩机高压管接口后应用聚氯乙烯绝缘带密封断开部件的开口处,防止湿气和异物进入。

(2)拆卸低压管路时参照以上步骤。

8 拆下压缩机的装配螺栓。

提示

先用扭力扳手对螺栓进行拧松。然后用棘轮扳手拆卸压缩机固定螺栓。

9 将压缩机从发动机装配支架上取下。

提示

取下压缩机时要防止压缩机内部的冷冻油倒出,污染环境。

10 将压缩机放置在工具车上。

提示

压缩机高低压开口要朝上。

第三步 检查空调压缩机

1 检查压板是否变色、剥落或损伤。

提示

(1)如果有损伤,更换压缩机。

(2)检查压缩机压盘表面是否有刮痕或翘曲变形。

2 用手转动带轮,检查带轮轴承的间隙和阻力。

提示

(1)转动时,如果出现噪声或异常声响则更换压缩机总成。

(2)转动时,如果阻力过大或间隙过大,则更换压缩机总成。

3 测量电磁离合器线圈电阻。

提示

(1)20℃时,标准电阻为 $4 \sim 5\Omega$。

(2)如电阻值不正常,则更换压缩机总成。

4 用塞尺测量带轮与压板之间的间隙。

提示

(1)塞尺测量厚度可供选择,如 $0.1\mathrm{mm}$、$0.3\mathrm{mm}$ 和 $0.5\mathrm{mm}$。

(2)标准间隙应为 $0.3 \sim 0.6\mathrm{mm}$。

5 用导线将蓄电池正负极与压缩机端子连接,检查电磁离合器是否结合。

提示

(1)测量时,端子的正负极不应接错,否则就会造成电磁离合器不吸合。

(2)若电磁离合器不吸合,应更换压缩机总成。

第四步 安装空调压缩机

1 检查新的压缩机总成。

提示

(1)检查压板是否变色、剥落或损伤。

(2)用手转动带轮,检查带轮轴承的间隙和阻力。

(3)目前绝大多数新的压缩机总成内部都有足量的冷冻油,所以不需要再次添加。

2 清洁、润滑压缩机高压软管测高低压接口。

提示

(1)将缠绕在高、低压管口的绝缘带拆下。

(2)用清洁布对管接口周围进行清洁。

(3)对管接口涂抹润滑油(ND-OIL8 或同等产品)。

3 安装压缩机的装配螺栓。

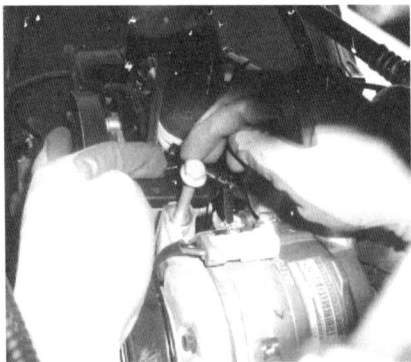

提示

(1)安装压缩机固定的 3 个螺栓,拧紧

力矩为 25N·m。

(2)连接空调电磁离合器的连接器。

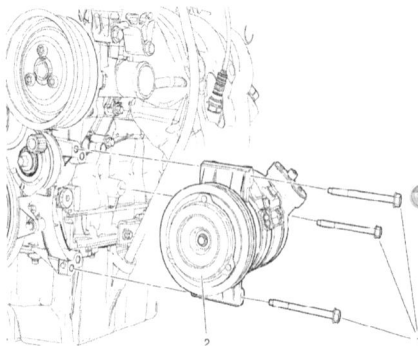

4 安装空调传动带。

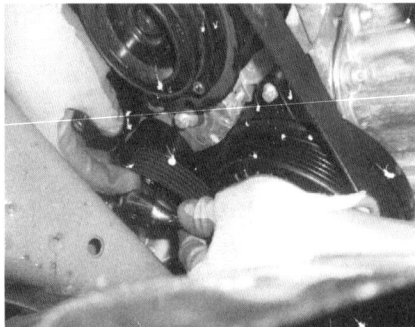

提示

(1)检查安装的传动带应是无老化和油污。

(2)传动带的中心位置要对准带轮的卡槽内。

5 紧固调整张紧轮。

提示

在凸出部分1逆时针向张紧器施加张紧力,使张紧器慢慢往回滑。

6 安装塑料挡泥板。

提示

安装顺序与拆卸顺序相反。

7 降下汽车。

提示

下降过程注意人身和车辆安全。

第五步 整理、整顿

整理工位。

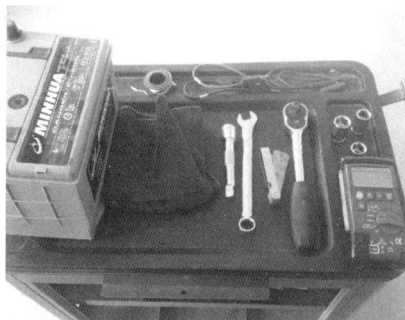

提示

(1)整理设备、工具。
(2)整理汽车、清洁汽车。
(3)将汽车停入指定的位置。
(4)将工具放回指定的位置。

九 考核标准

1 工作记录表

汽车空调压缩机检测与更换记录表

汽车型号		学生姓名	
发动机型号		VIN 编号	

工作情况记录：

1. 本车是否更换空调压缩机：是□ 否□
2. 更换压缩机的依据：电磁离合器损坏□ 压缩机损坏□ 带轮与压板之间的间隙□
3. 情况说明：

2 工作考评表

汽车空调压缩机检测与更换考评表

考评人　　　　操作人　　　　日期　　　　时间

考核时间	操作步骤	序号	考核项目	满分(分)	评分标准	得分
20min	第一步 作业前 准备	1	着装规范	4	酌情扣分	
		2	作业前整理工位	4	工具整理不齐扣2分	
		3	举升车辆	10	举升车辆出现问题扣10分	
	第二步 拆卸 空调 压缩机	4	拆卸发动机塑料护板	3	操作不当扣2分	
		5	脱开压缩机电磁离合器连接器	3	操作不当扣2分	
		6	旋松传动带张紧轮	3	操作不当扣2分	
		7	脱开空调传动带、取下空调传动带	3	操作不当扣2分	
		8	脱开压缩机高压侧空调管路	3	操作不当扣2分	

考核时间	操作步骤	序号	考核项目	满分(分)	评分标准	得分
20min	第二步 拆卸 空调 压缩机	9	用绝缘胶带密封高压侧空调管接口,以防异物进入低压管路	3	酌情扣分	
		10	拆下压缩机的装配螺栓	3	酌情扣分	
		11	将压缩机从发动机装配支架上取下	3	酌情扣分	
		12	将压缩机放置在工具车上	3	酌情扣分	
	第三步 检查 空调 压缩机	13	检查压板是否变色、剥落或损伤	3	酌情扣分	
		14	用手转动带轮,检查带轮轴承的间隙和阻力	3	操作不当扣1分	
		15	测量电磁离合器线圈电阻	2	操作不当扣1分	
		16	用塞尺测量带轮与压板之间的间隙	3	操作不当扣1分	
		17	用导线将蓄电池正负极与压缩机端子连接,检查电磁离合器是否结合	3	操作不当扣1分	
	第四步 安装 空调 压缩机	18	检查新的压缩机总成	3	酌情扣分	
		19	清洁、润滑压缩机高压软管测高低压接口	3	酌情扣分	
		20	安装压缩机的装配螺栓	3	酌情扣分	
		21	安装空调传动带	3	酌情扣分	
		22	紧固调整张紧轮	3	酌情扣分	
		23	安装塑料挡泥板	3	酌情扣分	
		24	降下汽车	3	酌情扣分	

考核时间	操作步骤	序号	考核项目	满分(分)	评分标准	得分
20min	其他	25	整理工位	8	操作不当扣4分	
		26	安全操作	12	零件是否有跌落,若有,每次扣2分;工具是否有损坏,若有,每次扣2分;扣完为止	
		27	操作时间		每超时1min扣2分,超时5min终止考试	
		28	遵守相关安全规范		因违规操作造成人身和设备事故的,总分按0分计	
			分数合计	100	选手实际得分	

任务 9　汽车空调控制面板总成的检测与更换

一　情景导入

一辆卡罗拉轿车,故障现象为:打开空调后改变鼓风机挡位时,发现该车空调面板上的出风口风速不会随鼓风机挡位变化而发生改变,任何鼓风机挡位下只有一个最低风速。

二　知识链接

车用空调按照控制方式分为手动和自动两种空调系统。手动空调如下图所示,该系统只能手动调节温度和风量,不能设定车内空调的具体温度。自动空调如下图所示,可以根据已设定的温度,自动调节从而保持车内温度的恒定,另外自动空调有自检装置,可以及早发现故障隐患。控制面板安装在靠近驾驶人的右前方位置。面板控制有三种形式:旋钮式、按钮式和触摸式。

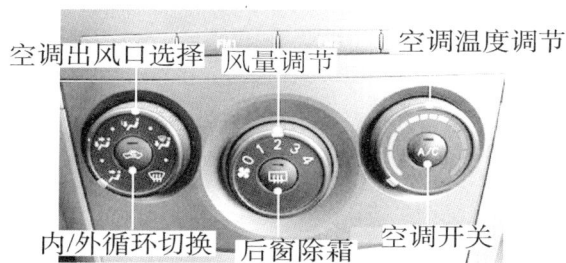

空调出风口选择　风量调节　空调温度调节
内/外循环切换　后窗除霜　空调开关

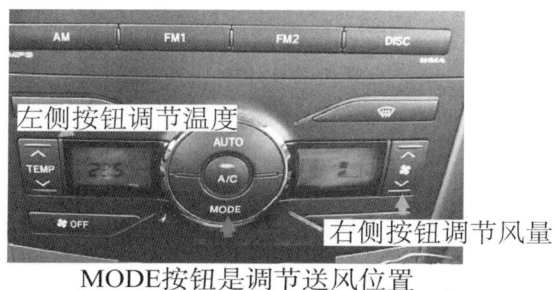

左侧按钮调节温度
右侧按钮调节风量
MODE按钮是调节送风位置

驾驶人可以通过调节鼓风机控制空气流速,鼓风机由电动机和风扇组成,如下图所示。电动机有单绕线电动机和多绕线电动机,风扇有鼠笼式风扇和叶片式风扇。控制空气流速的就是控制电动机转速。鼓风机挡位一般有二、三、四、五速四种,最常用的是四速。通过改变鼓风机开关与调速器电阻的接通方式可实现不同的转速运转。原理是:鼓风机电动机电流经过 3 个电阻,鼓风机低速运行,如下图所示;鼓风机电路中不串接任何电阻时,鼓风机最高速运转。

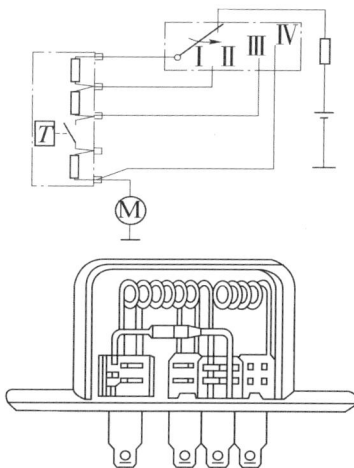

三 实训时间

实训时间为20min。

四 实训教学目标

(1)了解手动空调与自动空调的区别。　　(3)掌握手动空调面板开关的检测方法

(2)理解鼓风机电路的工作原理。　　　　和更换工艺。

五 技术标准与要求

(1)确保操作人员及设备安全。

(2)更换损坏部件时,请使用相同型号的零件。

(3)拆装机械部件时,尽量避免造成二次损坏。

(4)所有被检测元件的技术数据以原车维修手册为准。

(5)卡罗拉轿车鼓风机部分电路图,如右图所示。

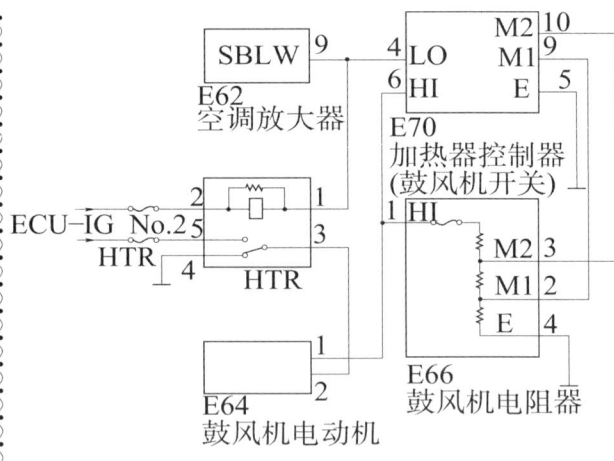

六 实训器材

鼓风机开关

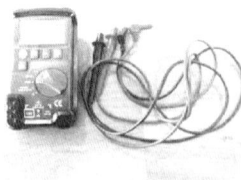

万用表

测试线

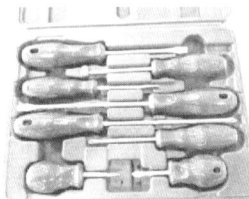

螺丝刀套组

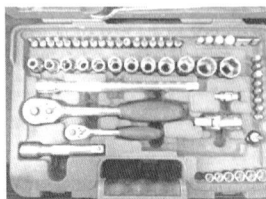

常用工具

清洁布

七 教学组织

1 教学组织形式

本课程为"工艺化"实训课,实训教师1名,学生24名,实训室共有6个实训工位,按照4人1个工位编组。

2 学生的站位分工和要求

学员按规定的工位站立,按教师的指令同时进行独立的操作。

3 实训教师职责

播放教学视频,并讲解实训项目的操作步骤和相关的注意事项;下达"开始操作"口令;巡视、检查、指导和纠正学生操作中的错误;课堂总结;组织学生对实训室进行清洁整理。

4 学生职责

认真观看教学视频;完成教师布置的任务;做好课后的清洁整理工作。

八 操作步骤

第一步 作业前准备

1 清洁、整理工位,准备好相关的工具和物品。

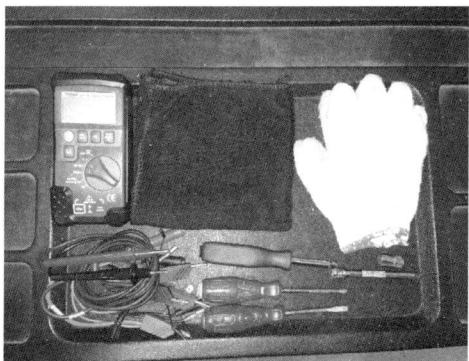

提示

准备一块抹布、一把一字螺丝刀、一把十字螺丝刀、一根短接杆、一个10mm套筒、一副布手套、一个旋具套筒接杆、6根测试线、2根端接线和万用表。

2 学员按队列形式站立在实训车辆两边。

提示

学员应穿实训服,站到指定的工位。

3 安装汽车维修防护设备。

提示

(1)安装尾气排气抽气管。

(2)安装车轮挡块。

(3)安装室内座椅套、转向盘套、地

板垫。

(4)安装翼子板布、前格栅布。

注意事项:操作时要起动汽车、打开空调,便于散热,所以需要把前格栅布掀起。

第二步 询问故障现象

1 分析车辆的故障原因。

提示

分析车辆目前所出现的故障及故障发生时所处的外界环境。

2 记录车上物品。

提示

记录储物盒和行李舱的物品,并要求客户签字确认,以防维修后留下客户物品丢失隐患。

3 记录车辆的基本信息。

提示

记录维修车辆的信息,以便日后统计,同时把记录的车厢储物盒及行李舱内物品信息给车主签字注明。

第三步 确认故障现象

1 打开空调。

提示

(1)起动发动机。
(2)打开鼓风机开关。
(3)打开 A/C 开关。

2 测试1、2、3、4挡各挡位下的风速。

提示

（1）用手感觉，各挡位出风风速一样。

（2）用风速计测试各挡位的风速，风速显示为2m/s。

（3）确认故障现象：鼓风机1、2、3、4挡位出风一样。

第四步 **测量鼓风机变阻器**

1 将鼓风机开关打到0挡位，点火开关置于"ACC"位置。

2 检查蓄电池的电压是否正常。标准电压为11～14V。

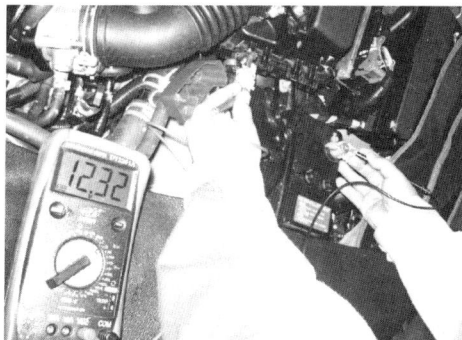

提示

（1）此时检测出蓄电池电压为12.23V，为正常状态，接下一步操作。

（2）如果蓄电池电压低于11V，先对蓄电池进行充电或更换蓄电池，再试车验证故障是否已排除。

3 拔下鼓风机变阻器连接器。

4 拆卸鼓风机挡位变阻器。

提示

（1）使用十字螺丝刀旋下2个固定螺钉。

（2）将鼓风机挡位变阻器轻轻拔出。

5 鼓风机变阻器端子介绍。

提示

变阻器连接器孔端:1号为电源端、2号为二挡位接地端子、3号为三挡位接地端子、4号为一挡位接地端子。

6 万用表自检。

提示

把万用表挡位转到蜂鸣位置,把红黑表表头相连,有蜂鸣声响,为正常。若不正常,则更换万用表。

7 测量鼓风机变阻器。

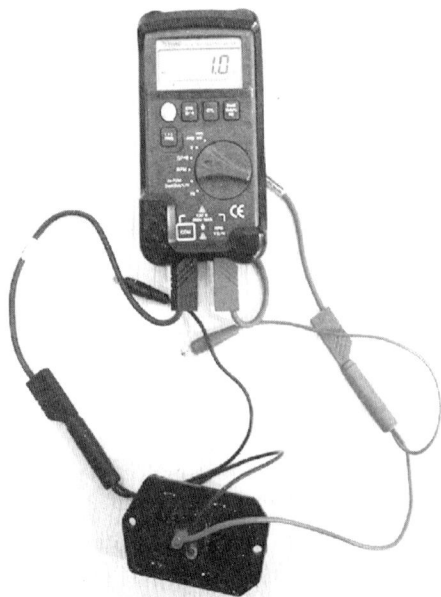

提示

(1)根据维修手册提示,测量下表端子电阻。

标 准 电 阻

检测仪连接	条件	规定状态
E66-1(HI)— E66-4(E)	始终	3.12~3.60Ω
E66-3(M2)— E66-4(E)	始终	2.60~3.00Ω
E66-2(M1)— E66-4(E)	始终	1.67~1.93Ω

(2)此时检测的电阻值符合规定,接下一步操作。

(3)若电阻不正常,请更换新的变阻器。

8 将鼓风机挡位达到2挡位。

9 测量鼓风机变阻器2挡位接地端子的接地电阻是否正常。

提示

（1）测量方式如上图所示。

（2）此时检测的电阻值为无穷大，异常，正常值为小于 1Ω，不符合规定，接下一步操作。

（3）测量鼓风机 3 挡位的接地电阻也为无穷大，异常。

（4）若值正常，则直接更换鼓风机变阻器。

第五步 拆卸空调控制面板总成

1 拆卸仪表板左下装饰板。

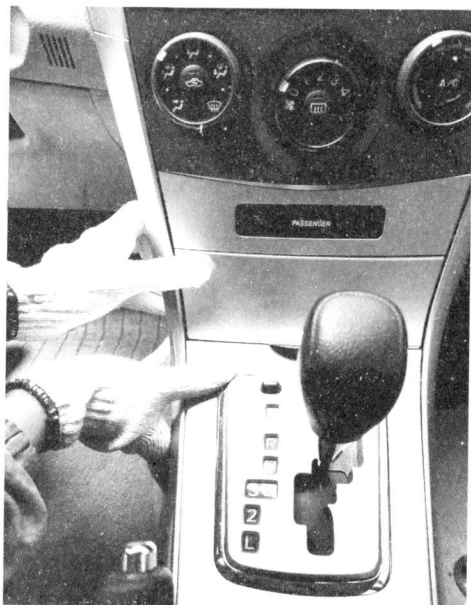

提示

（1）操作时戴手套。

（2）用双手抓住仪表板左下装饰板中间位置，向上均匀用力，脱开装饰板固定的 3 个卡爪。

2 拆卸仪表板右下装饰板。

提示

用双手抓住仪表板右下装饰板中间位置，向上均匀用力，脱开装饰板固定的 3 个卡爪。

3 拆卸仪表板左端装饰板。

提示

（1）一字螺丝刀必须用布包裹好，防止损坏零部件。

（2）右手用裹着布的一字螺丝刀撬仪表板左端装饰板下端，左手扶着仪表板左端装饰板上端，脱开2个卡爪。

4 拆卸仪表板右端装饰板。

提示

拆装方法同上一步。

5 挂挡。

提示

左手按下SHIFT LOCK键不放开，右手将挡位挂到N挡。

6 打开点烟器的盖板。

提示

用手向内轻轻一推，点烟器盖板自动弹开。

7 拆卸中央仪表组装饰板总成。

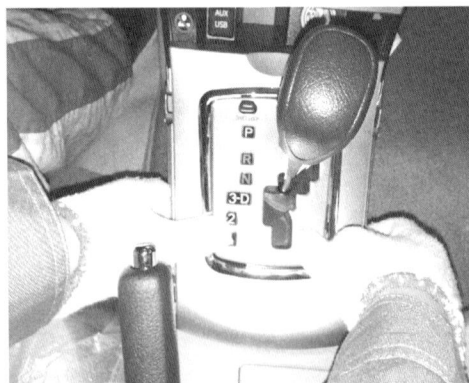

提示

（1）拆卸中央仪表组装饰板总成的上端，脱开2个卡爪。

（2）拆卸中央仪表组装饰板总成下端，脱开2个卡子。

8 拆卸仪表盒。

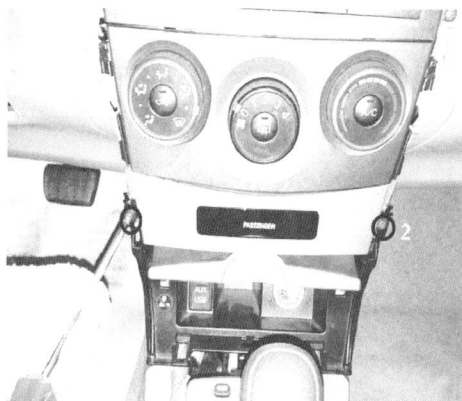

提示

(1)用十字螺丝刀分两次拧松螺钉一圈,拧松两个螺钉。

(2)按照规定方式进行拆卸,脱开2个卡爪。

(3)断开仪表盒后部连接器。

9 拆卸仪表板孔盖。

提示

(1)按规定方式拆卸仪表板孔盖,脱开4个卡爪。

(2)断开每个连接器。

10 拆卸中央仪表板调风器总成。

提示

(1)按规定方式拆卸中央仪表板调风器总成,脱开2个卡爪、4个卡子和2个导销。

(2)断开中央仪表调风器后部的连接器。

11 拆卸带支架的收音机。

提示

(1)选用10mm的套筒,按 1→4→2→3 顺序对角紧固螺栓。

(2)按 1→2→3→4 顺序依次拧松所有螺栓。

12 取下收音机总成。

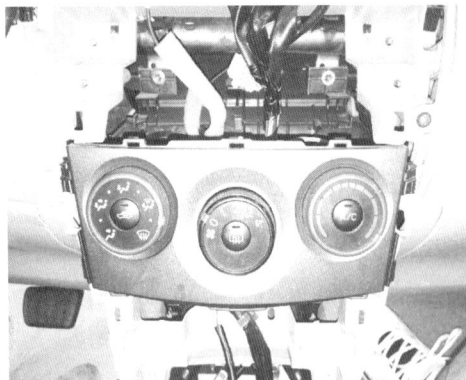

13 脱开鼓风机开关连接器。

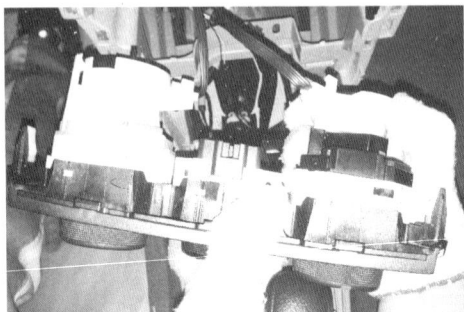

提示

(1) 脱开空调控制面板总成的 4 个卡扣。

(2) 脱开鼓风机开关连接器。

第六步 检查鼓风机开关线路

1 检查鼓风机开关与变阻器之间的线路通断情况。

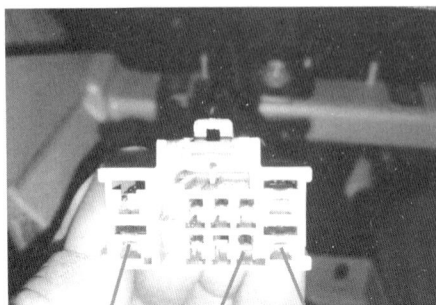

6号端子变阻器　9号端子二　10号端子三
供电电源线　挡风搭铁线　挡风搭铁线

提示

测量鼓风机开关与鼓风机变阻器之间线路通断情况。

2 检查线路的通断情况。

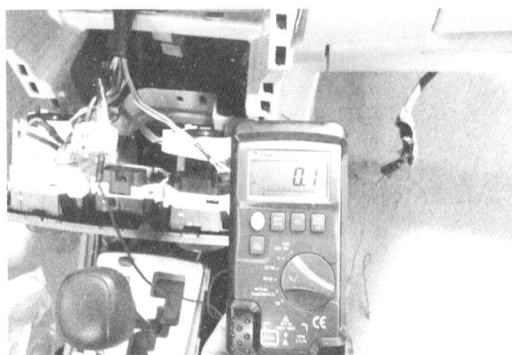

提示

(1) 万用表一端接 E70 的 9 号端子,另一端接 E66 的 2 号端子,检测的电阻应为 0.1Ω。

(2) 如果测量阻值大于 $10k\Omega$,表明线路存在断路。

(3) 若测量值小于 1Ω,符合规定,接下一步操作。

3 鼓风机开关位置图。

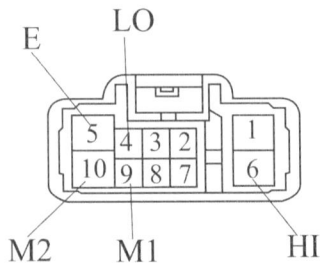

提示

(1) 参考维修手册进行测量。

(2) 标准值参考见下表。

标 准 电 阻

检测仪连接 （符号）	开关状态	规定状态
4（LO）,6（HI）, 9（M1）,10（M2）— 5（E）	鼓风机 开关：OFF	10kΩ 或更大
4（LO）—5（E）	鼓风机 开关：LO	小于1Ω
4（LO）,9 （M1）—5（E）	鼓风机 开关：M1	小于1Ω
4（LO）,10 （M2）—5（E）	鼓风机 开关：M2	小于1Ω
4（LO）,6 （HI）—5（E）	鼓风机 开关：HI	小于1Ω

将鼓风机开关打到2挡位。

4 测量鼓风机开关电阻。

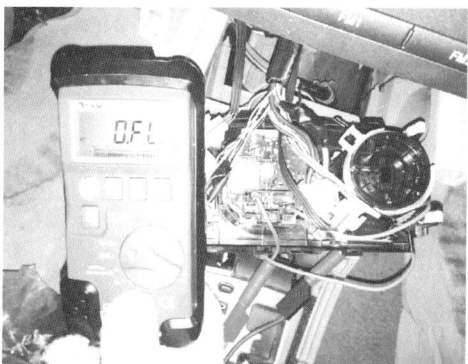

提示

测量鼓风机开关E70的9号端子—E70的5号端子电阻为无穷大，异常。正常电阻小于1Ω。

将鼓风机开关打到3挡位。

5 测量鼓风机开关电阻。

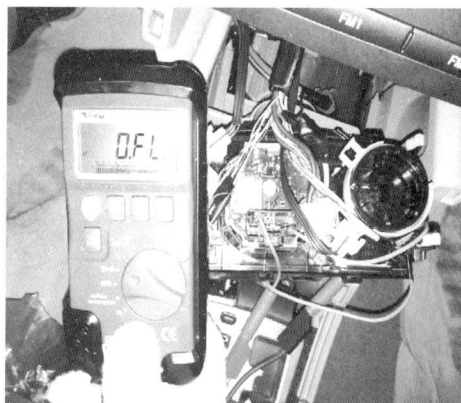

提示

（1）测量鼓风机开关E70的10号端子—E70的5号端子电阻为无穷大，异常。正常电阻小于1Ω。

（2）故障点已确认：鼓风机开关损坏，需要更换。

第七步 更换鼓风机开关

1 拆卸空调面板总成。

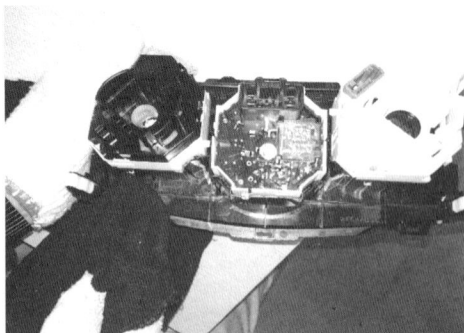

提示

(1)用布包裹一字螺丝刀。

(2)脱开2个卡爪。

2 取下鼓风机开关。

提示

(1)用布包裹一字螺丝刀。

(2)脱开2个卡爪。

3 安装新的鼓风机开关。

提示

(1)安装前,对新的鼓风机开关进行电阻测量,参考鼓风机开关检测步骤。

(2)接合2个卡爪,安装鼓风机开关总成。

第八步 安装复位

1 将连接器复位。

提示

复位的连接器有鼓风机模式开关连接器、鼓风机挡位开关连接器、温度调节连接器。

2 安装空调面板总成。

3 安装收音机。

💡 **提示**

（1）将音响背部的连接器复位。

（2）选用 10mm 的套筒，按 1→2→3→4 的顺序依次拧紧所有螺栓。

（3）按 1→4→2→3 的顺序对角拧紧螺栓一圈。

4 安装中央仪表板调风器总成。

5 安装仪表板孔盖。

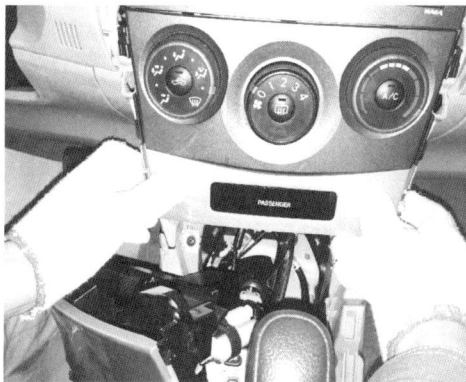

6 安装仪表盒总成。

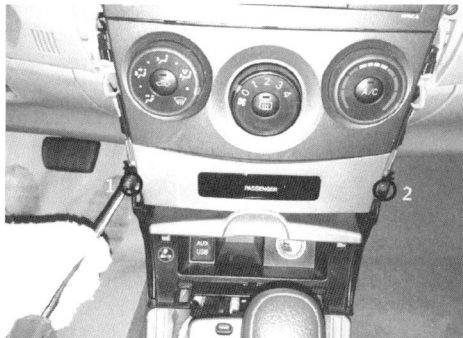

💡 **提示**

用十字螺丝刀拧紧 2 个螺钉。

7 安装中央仪表组装饰板总成。

8 将挡位置于 P 挡。

9 安装仪表板左端装饰板。

10 安装仪表板右下装饰板。接合3个卡爪和卡子。

第九步 整理、整顿

整理工位。

提示

(1)整理设备、工具。
(2)整理汽车、清洁汽车。
(3)将汽车停入指定的位置。
(4)将工具放回指定的位置。

九 考核标准

1 工作记录表

汽车空调控制面板总成的检测与更换作业记录表

汽车型号		学生姓名	
发动机型号		VIN 编号	
步骤	作业项目		数据结果
1.确认故障现象	询问故障现象		
	确认故障现象		

步骤	作业项目	数据结果
	鼓风机变阻器测量	
2.线路测量	鼓风机开关线路测量	
	鼓风机开关测量	
3.故障点确认	故障点确认	
	故障点修复	

2 工作考评表

汽车空调控制面板总成的检测与更换考评表

考评人		操作人		日期		时间	

考核时间	操作步骤	序号	考核项目	满分(分)	评分标准	得分
	第一步作业前准备	1	着装规范	2	酌情扣分	
		2	作业前整理工位	2	酌情扣分	
		3	安装汽车维修防护设备	2	检查不到位扣1分	
		4	记录车上物品	2	酌情扣分	
		5	记录车辆的基本信息	2	操作不当扣1分	
20min	第二步确认故障现象	6	打开空调,确认故障	2	酌情扣分	
		7	测试1、2、3挡风速	5	酌情扣分	
		8	测试4挡风速	2	酌情扣分	
	第三步测量鼓风机变阻器相关线路	9	将鼓风机开关打到0挡位,点火开关置于"ACC"位置	2	操作不当扣1分	
		10	将点火开关转动到"ON"位置	2	操作不当扣1分	

考核时间	操作步骤	序号	考核项目	满分(分)	评分标准	得分
20min	第三步测量鼓风机变阻器相关线路	11	检查蓄电池的电压是否正常	2	酌情扣分	
		12	拔下鼓风机变阻器连接器	3	操作不当扣1分	
		13	拆卸鼓风机挡位变阻器	2	操作不当扣1分	
		14	万用表自检	2	操作不当扣1分	
		15	测量鼓风机变阻器	2	酌情扣分	
		16	测量鼓风机变阻器的供电电压是否正常	3	操作不当扣2分	
	第四步测量鼓风机开关总成相关线路	17	拆卸仪表板左下装饰板	1	酌情扣分	
		18	拆卸仪表板左端装饰板	1	酌情扣分	
		19	拆卸仪表板右端装饰板	1	酌情扣分	
		20	挂挡	2	酌情扣分	
		21	拆卸中央仪表组装饰板总成	1	酌情扣分	
		22	拆卸仪表盒	1	酌情扣分	
		23	拆卸仪表板孔盖	1	酌情扣分	
		24	拆卸中央仪表板调风器总成	1	酌情扣分	
		25	拆卸带支架的收音机	2	酌情扣分	
		26	拆卸空调面板总成	2	酌情扣分	
		27	鼓风机开关线路检查	3	酌情扣分	
		28	拆卸空调控制面板分总成	4	酌情扣分	
		29	脱开鼓风机开关锁止机构	4	操作不当扣2分	

续上表

考核时间	操作步骤	序号	考核项目	满分（分）	评分标准	得分
20min	第四步测量鼓风机开关总成相关线路	30	取下鼓风机开关	4	操作不当扣2分	
		31	安装空调面板总成	2	酌情扣分	
		32	安装带支架的收音机	2	酌情扣分	
		33	安装中央仪表板调风器总成	2	酌情扣分	
		34	安装仪表板孔盖	2	酌情扣分	
		35	安装仪表盒总成	2	酌情扣分	
		36	安装中央仪表组装饰板总成	1	酌情扣分	
		37	安装仪表板左端装饰板	1	酌情扣分	
		38	安装仪表板右端装饰板	1	酌情扣分	
		39	安装仪表板左下装饰板	1	酌情扣分	
		40	安装仪表板右下装饰板	1	酌情扣分	
	其他	41	安全操作	20	零件是否有跌落,若有,每次扣2分;工具是否有损坏,若有,每次扣2分;扣完为止	
		42	操作时间		每超时1min扣2分,超时5min终止考试	
		43	遵守相关安全规范		因违规操作造成人身和设备事故的,总分按0分计	
			分数合计	100	选手实际得分	

任务 10　新能源汽车空调 PTC 的检测与更换

一　情景导入

一辆北汽 EV200 新能源汽车,冬天打开空调,调至暖风挡位,吹出的风不是热风,是自然风。经诊断确认为 PTC 损坏,需更换 PTC。

二　知识链接

汽车空调供暖系统用于对车内的空气进行加热,以便达到供暖、除雾、除霜的目的。供暖是指汽车空调可以向车厢内提供暖气,以提高车厢内的温度,让驾乘人员感到舒适。

空调供暖系统依据驾乘人员对车厢温度的需求,通过空调控制器采集空调操作面板上的温度调节旋钮的具体指示位置,以初步判定驾乘人员对车厢内部的温度期望值,并参考环境温度传感器反馈的实时车厢外温度值和蒸发器温度传感器的温度信号,综合计算出供暖系统所需的制热量以及冷暖风门翻板的开启度。

目前,大多数汽车厂商都采用专门的加热装置来实现供暖,部分车型利用加热冷却液来实现供暖。北汽 EV 系列新能源汽车空调供暖系统的热源获取是通过大功率 PTC 加热器将动力电池的电能转化为热能,为车厢供暖,为车窗除雾、除霜。

纯电动汽车空调供暖系统是由 PTC 加热器(如下图所示)、PTC 温度传感器、PTC 控制器等部件组成。

三　实训时间

实训时间为 30min。

四 实训教学目标

（1）掌握供暖系统的组成及功用。
（2）了解供暖系统的工作原理。

（3）正确运用工具进行暖风系统的检测与维修。

五 技术标准与要求

（1）确保操作人员及设备安全。
（2）更换 PTC 部件时，请使用相同车型型号的 PTC。

（3）拆装机械部件时，要避免零件的二次损坏。

六 实训器材

车辆：实训北汽 EV 电动汽车。

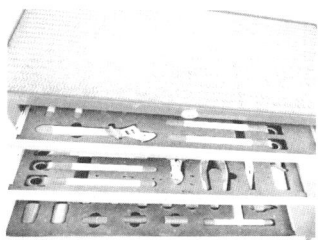

绝缘工具

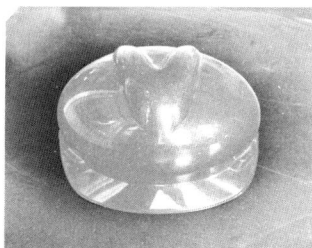

安全头盔

清洁布

护目镜

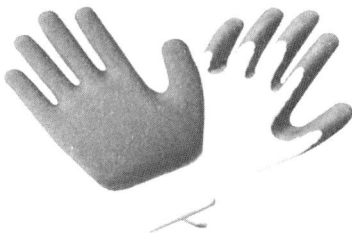

防护手套

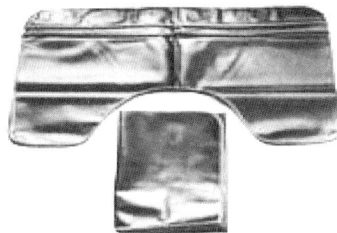

车辆防护设备

七 教学组织

1 教学组织形式

本课程为"工艺化"实训课，实训教师 1 名，学生 16 名，实训室共有 2 个实训工位，

按照 8 人一个工位编组。

2 学生的站位分工和要求

学生按规定的工位站立，按教师的指令

同时进行独立的操作。

3 实训教师职责

播放教学视频,并讲解实训项目的操作步骤和相关的注意事项;下达"开始操作"口令;巡视、检查、指导和纠正学生操作中的错误;课堂总结;组织学生对实训室进行清洁整理。

4 学生职责

认真观看教学视频;完成教师布置的任务;做好课后的清洁整理工作。

八 操作步骤

第一步 作业前准备

1 清洁、整理工位。

2 学生整理队伍。

3 安装车辆防护设备。

提示

(1)安装车内三件套。
(2)安装车轮挡块。

第二步 检测

1 起动车辆

提示

(1)起动车辆前应踩下制动踏板,系好安全带。
(2)起动汽车,显示屏显示 ready。

2 测试空调暖风系统。

3 连接检测设备。

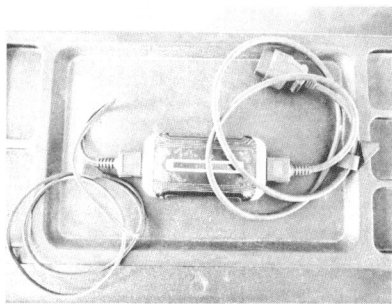

提示

（1）读取故障码。

（2）清除故障码。

4 检测故障点。

5 确认故障点。

6 关闭汽车。

第三步 更 换 PTC

1 打开发动机舱盖。

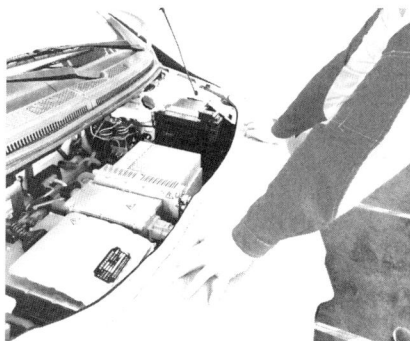

提示

铺前格栅布、翼子板布。

2 断开蓄电池负极。

提示

放警示牌。

3 断开维修开关。

4 断开 PTC 高压连接器

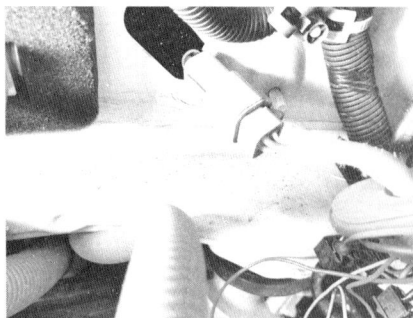

提示

戴绝缘手套。

5 拆下塑料隔板。

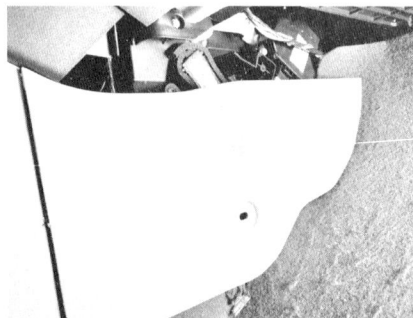

提示

在副驾驶位中控台下方。

6 断开低压车身搭铁。

7 断开低压连接器。

8 拆下固定架。

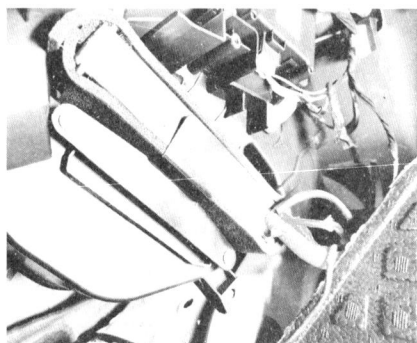

9 取出 PTC。

10 更换 PTC。

11 连接低压连接器。

12 连接低压车身搭铁。

13 安装固定架。

14 安装塑料隔板。

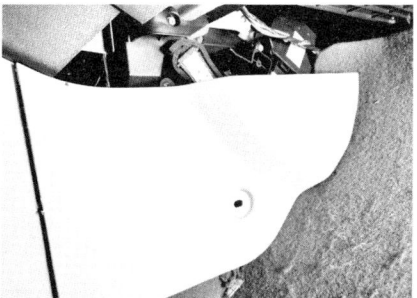

15 连接 PTC 高压连接器。

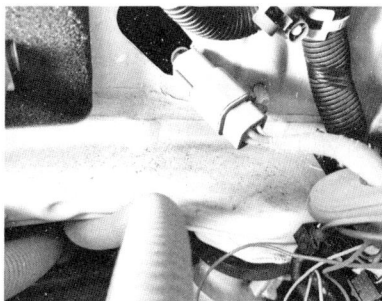

16 安装维修开关。

17 安装蓄电池负极。

第四步 复 测

1 用仪器检测。

提示

(1)读取故障码。

(2)清除故障码。

2 检验暖风系统。

第五步 整理、整顿

整理工位。

提示

(1)将汽车停入正确的位置。

(2)将工具放回工具车。

九 考核标准

新能源汽车空调 PTC 的检测与更换考评表

考评人　　　　　操作人　　　　　日期　　　　　时间

考核时间	操作步骤	序号	作业项目	满分(分)	评分标准	得分
30min	第一步 作业前 准备	1	清洁、整理工位	5	酌情扣分	
		2	学生整理队伍	3	酌情扣分	
		3	安装车辆防护设备	3	操作不当扣3分	
		4	起动车辆	4	操作不当扣4分	
	第二步 检测	5	测试空调暖风系统	3	操作不当扣3分	
		6	连接检测设备	3	操作不当扣3分	
		7	检测故障点	3	操作不当扣3分	
		8	确认故障点	3	操作不当扣3分	
		9	关闭汽车	4	操作不当扣4分	

续上表

考核时间	操作步骤	序号	作 业 项 目	满分（分）	评 分 标 准	得分
30min	第三步更换PTC	10	打开发动机舱盖	4	操作不当扣4分	
		11	断开蓄电池负极	3	操作不当扣3分	
		12	断开维修开关	3	操作不当扣3分	
		13	断开PTC高压连接器	3	操作不当扣3分	
		14	拆下塑料隔板	4	操作不当扣4分	
		15	断开低压车身搭铁	3	操作不当扣3分	
		16	断开低压连接器	3	操作不当扣3分	
		17	连接低压车身搭铁	3	操作不当扣3分	
		18	拆下固定架	3	操作不当扣3分	
		19	取出PTC	3	操作不当扣3分	
		20	更换PTC	3	操作不当扣3分	
		21	连接低压连接器	3	操作不当扣3分	
		22	连接低压车身搭铁	3	操作不当扣3分	
		23	安装固定架	4	操作不当扣4分	
		24	安装塑料隔板	4	操作不当扣4分	
		25	连接PTC高压连接器	3	操作不当扣3分	
		26	安装维修开关	3	操作不当扣3分	
		27	安装负极	3	操作不当扣3分	
	第四步复测	28	用仪器检测	3	操作不当扣3分	
		29	检验暖风系统	3	操作不当扣3分	
	第五步整理、整顿	30	整理工作台，清洁整理工具	5	酌情扣分	
	分数合计			100	选手实际得分	

附 录 习 题 库

一 判断题

1. 汽车空调制冷剂回收/净化/加注可由经过相关专业培训但无上岗证书的维修人员进行操作。　　　　　　　　　　　　　　　　　　　　　　　　　　（　　）

2. 不应使用 R12、R134a 等制冷剂对制冷装置进行开放性清洗。　　　　（　　）

3. 因被污染或其他原因不能确定其成分且不能净化利用的制冷剂,应排放到大气中。
　　　　　　　　　　　　　　　　　　　　　　　　　　　　　　　　（　　）

4. 卤素检漏仪是行业标准推荐的制冷剂检漏仪之一。　　　　　　　　（　　）

5. 允许使用一次性钢瓶对制冷剂进行回收。　　　　　　　　　　　　（　　）

6. 制冷剂中破坏臭氧层的成分是氯。　　　　　　　　　　　　　　　（　　）

7. 防冻液中的乙二醇是没有毒性的。　　　　　　　　　　　　　　　（　　）

8. 在 R12 制冷剂附近进行焊接作业会引起毒气的形成。　　　　　　　（　　）

9. 作业时,维修人员应配备必要的安全防护设施,如防护手套和护目镜等,避免接触或吸入制冷剂和冷冻机油的蒸气及气雾。　　　　　　　　　　　　　　　　（　　）

10. 含有甲烷的制冷剂可以用于汽车空调系统。　　　　　　　　　　　（　　）

11. 可以不戴手套直接更换 PTC 组件。　　　　　　　　　　　　　　　（　　）

12. 汽车空调的取暖系统有两大类,分别是余热式和独立式。　　　　　（　　）

13. 压缩机输出端连接高压管路、冷凝器、储液干燥器和液体管路,并构成高压侧。
　　　　　　　　　　　　　　　　　　　　　　　　　　　　　　　　（　　）

14. 汽车空调的三个重要指标分别是温度、湿度和空气清洁度。　　　　（　　）

15. 蒸发器的作用是将经过节流元件节流升压后的制冷剂在蒸发器内沸腾汽化。
　　　　　　　　　　　　　　　　　　　　　　　　　　　　　　　　（　　）

16. 鼓风机的作用是加速蒸发器周围的空气流动,将冷气吹入车内,达到降温的目的。
　　　　　　　　　　　　　　　　　　　　　　　　　　　　　　　　（　　）

17. 在制冷工程中,表明制冷剂状态参数的压力是指绝对压力。　　　　（　　）

18. 制冷剂蒸发时的潜热越大,需要的制冷剂循环量就越大。　　　　　（　　）

19. 制冷剂有较高的稳定性,对金属、橡胶和润滑油无明显腐蚀。　　　（　　）

20. 视液镜位于制冷系统的低压管路上。　　　　　　　　　　　　　　（　　）

21. 汽车空调冷凝器安装时,从压缩机输出的气态制冷剂一定要从冷凝器下端入口

进入。 （　　）

22. 汽车空调制冷系统主要由压缩机、制冷剂、冷凝器、蒸发器和液压调节器组成。 （　　）

23. 为了防止水分的凝结,需要对汽车风窗玻璃加热,因此采用风窗除霜装置。 （　　）

24. 蒸发器的热负荷加大,将使制冷压缩机的吸气温度下降。 （　　）

25. 节流元件可将空调系统的高压侧和低压侧隔开,通过节流效应使制冷剂压力急剧下降而蒸发。 （　　）

26. 储液干燥器和储液器的外观几乎相同,虽然二者的功能在一定程度上是不同的,但可以互换使用。 （　　）

27. 空调压缩机运转,但制冷不足的原因是进气压力过低,而排气压力过高。 （　　）

28. 连接制冷管路时必须先在接头的 O 形圈上涂专用的冷冻机油。 （　　）

29. 冷冻机油不参与制冷,过多反而会妨碍热交换器的换热效果。 （　　）

30. 循环离合器的节流元件只能控制进入蒸发器内制冷剂流量,不能保证蒸发器不结冰。 （　　）

31. R134a 系统快速接头的内螺纹是英制规格的。 （　　）

32. 制冷剂储罐存放时应竖直向上放置,不得倾斜或倒置。 （　　）

33. 制冷剂加注完成,在断开加注设备与制冷装置的连接管后,应用检漏仪检测检修阀有无泄漏。 （　　）

34. 制冷剂的净化是指用专用设备对回收的制冷剂进行循环过滤,去除其中的油、水、酸和其他杂质,使其能够重新利用的过程。 （　　）

35. 在环境温度为 25℃ ±5℃ 进行制冷剂回收作业时,应能回收制冷系统内 95% 以上的制冷剂。 （　　）

36. 汽车空调制冷剂回收/净化/加注机,按工作系统分为单系统和双系统。 （　　）

37. R12 不溶水,如在制冷系统中有水分存在就会引起冰堵现象。 （　　）

38. 制冷系统中含有过量空气,会使排气温度、冷凝压力升高,可提高制冷量。 （　　）

39. 制冷系统中含有过量污物,会使过滤、节流元件堵塞,形成"脏堵"。 （　　）

40. 节流元件进口的管口处结霜,说明系统内制冷剂充注过量。 （　　）

41. 冷冻机油极易吸水,所以使用后应马上拧紧冷冻机油的瓶盖。 （　　）

42. 空调制冷系统运行时,若储液干燥器出现结霜,则说明储液干燥器堵塞或损坏。 （　　）

43. 用于制冷剂 R12 或 R134a 的空调压力表一旦使用,是不可互换使用的,原因是这两种制冷剂和冷冻机油不能混用,否则会对空调制冷系统造成严重伤害。 （　　）

44. 在使用气体泄漏测试仪(卤素检测仪)进行检漏时,应将探测头接触到部件表面进行检测。 （　　）

45. 在使用荧光检漏仪进行检漏时,应将注射器连接到空调高压检修阀上,注入正确的量后断开注射器。 （　　）

46. 在使用专用仪器对制冷剂进行鉴别时,应确保出口处样品为气态,不允许有液态样品或油流出来。 （　　）

47. 如果怀疑是系统中的空气导致的高压故障,那么可以通过压力表的特殊操作方法排放出空气,而不必重新抽真空和加制冷剂。　　　　　　　　　　　　　(　　)

48. 从冷凝器出来的制冷剂并非总是100%液体,因此可能有少量的制冷剂以气态留在冷凝器中,但不会影响整体制冷性能,因为下一个部件是一段长的液管或储液干燥器。
　　　　　　　　　　　　　　　　　　　　　　　　　　　　　　　(　　)

49. 可以不戴高压绝缘手套直接拆卸高压部件。　　　　　　　　　　　(　　)

50. 在空调故障检修中,应确保选择适当品牌和等级的冷冻机油,以保证与所使用的制冷剂的相容性。　　　　　　　　　　　　　　　　　　　　　　　(　　)

二 单项选择题

1. 汽车空调维护时,以下(　　)操作不规范。
A. 戴护目镜　　　　　　　　　　B. 在通风处
C. 雨天作业　　　　　　　　　　D. 用冷水冲洗被制冷剂溅到的皮肤

2. 制冷剂储罐的存放温度不应超过(　　)。
A. 40℃　　　　　B. 50℃　　　　　C. 60℃　　　　　D. 70℃

3. 技师甲说,液态制冷剂溅入眼睛会造成冻伤,应立即用水清洗,并及时就医;技师乙说,制冷剂处于气态时是无害的。(　　)
A. 甲正确　　　　B. 乙正确　　　　C. 两人都正确　　　D. 两人都不正确

4. 《汽车空调制冷剂回收、净化、加注工艺规范》中,制冷剂回收作业工艺过程不包含(　　)的操作。
A. 回收作业准备　　　　　　　　B. 制冷剂回收原则判定
C. 制冷剂泄漏检测　　　　　　　D. 制冷剂回收操作

5. 《汽车空调制冷剂回收、净化、加注工艺规范》中,制冷剂净化作业工艺过程不包含(　　)的操作。
A. 净化作业准备　　　　　　　　B. 纯度指标检测
C. 制冷剂泄漏检测作业　　　　　D. 完成净化作业

6. 《汽车空调制冷剂回收、净化、加注工艺规范》中,制冷剂加注作业工艺过程不包含(　　)的操作。
A. 加注作业准备　　　　　　　　B. 补充冷冻机油
C. 视情清洗　　　　　　　　　　D. 制冷剂纯度检测

7. 根据《汽车空调制冷剂回收、净化、加注工艺规范》,可采用(　　)进行检漏。
A. 卤素检漏　　　　　　　　　　B. 气泡(肥皂水)检查
C. 荧光检查　　　　　　　　　　D. 本题其他答案都可采用

8. 蒸发器表面温度不应低于(　　),以防蒸发器结霜和结冰。
A. 2.2℃　　　　　B. 1.1℃　　　　　C. 0℃　　　　　D. −1.1℃

9.空调与暖风系统延时继电器的作用是( )。

 A.在发动机冷却液达到预定温度之前防止加热循环

 B.在发动机冷却液达到预定温度之后防止制冷循环

 C.在关闭点火钥匙后将各风门恢复到原位

 D.在发动机起动后转速稳定之前延迟空调系统的启动

10.甲说:R12制冷剂与明火接触会产生有害气体;乙说:制冷剂与明火接触会爆炸。
( )

 A.甲正确 B.乙正确 C.两人均正确 D.两人均不正确

11.制冷剂的蒸发压力与大气压力相比( ),否则空气会进入制冷系统。

 A.高 B.低 C.相等 D.不确定

12.汽车空调压缩机主要采用蒸气( )式压缩机。

 A.压力 B.液化 C.容积 D.活塞

13.汽车空调压缩机吸入低温( )制冷剂蒸气。

 A.高压 B.中压 C.低压 D.大气压

14.汽车低速行驶时,空调压缩机有较强的制冷能力,高速行驶时,要求低( )。

 A.油耗 B.耗能 C.损耗 D.污染

15.冷凝器将制冷剂热量散发到汽车外的空气中,使高温,高压的气态制冷剂冷凝成
( )液体。

 A.高压 B.低压 C.中压 D.大气压

16.汽车空调制冷系统的冷凝器、蒸发器,统称为( )器。

 A.换能 B.换热 C.交换 D.交流

17.鼓风机( )电阻是调节出风量的一个辅助元件。

 A.调速 B.升速 C.调压 D.调流

18.轿车空调总成,具有制冷、采暖及( )三种功能。

 A.除湿 B.除尘 C.除霜 D.通风

19.在汽车空调装置中,冷凝器安装在( )。

 A.发动机散热器前 B.驾驶室内

 C.后行李舱内 D.发动机散热器后

20.汽车水暖式采暖系统在发动机温度达到( )时才能正常工作。

 A.50℃ B.60℃ C.80℃ D.90℃

21.在汽车制冷循环系统中,经节流元件送往蒸发器管道中的制冷剂是( )状态。

 A.高温高压液体 B.低温低压液体

 C.低温高压气体 D.高温低压液体

22.冷凝器的传热面积与蒸发器的传热面积相比( )。

 A.大 B.小 C.相同 D.不一定

23.相对湿度是空气中水蒸气压与同温度下( )之比。

A. 大气压　　　　B. 饱和蒸气压　　　C. 水蒸气浓度　　　D. 空气密度

24. 对于同一个干湿球温度计周围的空气,干湿球温差越小,空气的湿度越(　　　)。

A. 大　　　　　　B. 小　　　　　　　C. 没有变化　　　　D. 不一定

25. R134a 储罐的颜色是(　　　)。

A. 白色　　　　　B. 淡蓝色　　　　　C. 灰色　　　　　　D. 红色

26. 汽车空调储液干燥器的功用是(　　　)。

A. 防止系统中水分与制冷剂发生化学作用

B. 防止节流元件处结冰和堵塞

C. 随时向系统补充制冷剂

D. 本题其他答案全对

27. 空气中的(　　　),就会导致空调的潜热负荷加大。

A. 温度增高　　　B. 湿度增大　　　　C. 压力上升　　　　D. 比容减少

28. 空气经过加热处理,温度升高,含湿量(　　　)。

A. 增加　　　　　B. 下降　　　　　　C. 不变　　　　　　D. 为零

29. R134a 是(　　　)。

A. 高压低温制冷剂　　　　　　　　　B. 低压高温制冷剂

C. 中压低温制冷剂　　　　　　　　　D. 中压中温制冷剂

30. R12 制冷剂中污染大气的主要成分是(　　　)。

A. 氟　　　　　　B. 氯　　　　　　　C. 氢　　　　　　　D. 溴

31. 制冷剂 R12 是使用广泛的一种制冷剂,被 R134a 取代的主要原因是(　　　)。

A. R12 破坏大气臭氧层　　　　　　　B. R12 对人体伤害太大

C. R12 的物理性质不稳定　　　　　　D. 本题其他答案都正确

32. 技师甲说:冷凝器通过散热将高压气态的制冷剂转换为高压液态的制冷剂;技师乙说:节流元件将高压蒸气转换成低压蒸气。(　　　)

A. 甲正确　　　　B. 乙正确　　　　　C. 两人都正确　　　D. 两人都不正确

33. 以下对变排量空调压缩机的描述,错误的是(　　　)。

A. 变排量空调压缩机可采用常啮合的传动方式

B. 当变排量电磁阀断电后,变排量空调压缩机会因润滑不良而损坏

C. 制冷剂排量的控制与变排量空调压缩机内部的曲轴箱压力有关

D. 当变排量空调压缩机出现过载或锁死故障时,其皮带轮的橡胶件能够断开,防止严重的机械故障

34. 技师甲说:空调压缩机把低压气态的制冷剂转换为高压气态的制冷剂;技师乙说:节流元件将高压气态的制冷剂转换为低压气态的制冷剂(　　　)。

A. 甲正确　　　　B. 乙正确　　　　　C. 两人均正确　　　D. 两人都不正确

35. 按照节流元件的不同,空调制冷系统可分两种基本构架。请问在配置有节流调节元件的空调系统中,下面观点正确的是(　　　)。

    A. 在冷凝器与蒸发器管路之间,安装有储液干燥器

    B. 在冷凝器与压缩机管路之间,安装有储液器

    C. 在蒸发器与压缩机之间的管路中,安装有储液干燥器

    D. 在冷凝器与蒸发器之间,安装有储液器

36. 下面观点不正确的是(　　)。

    A. 储液干燥器可保证一定的制冷剂储量,并向节流元件提供连续不断的制冷剂

    B. 储液器的功能是将蒸发器出来的制冷剂收集起来,并滤下制冷剂液滴,以保护压缩机

    C. 储液干燥器用于将节流管作为节流元件的空调系统中,储液器则用于将膨胀阀作为节流元件的系统中

    D. 储液干燥器和储液器都可通过内部的过滤器和干燥剂,保持制冷剂的清洗度和纯度

37. 在环境温度相同的情况下,空气的相对湿度越大,测量到的空调管路内部的制冷剂压力(　　)。

    A. 越大　　　　　B. 不变　　　　　C. 越小　　　　　D. 本题其他答案都不对

38. 汽车通风系统一般为(　　)。

    A. 自然通风　　　　　　　　　　B. 强制通风

    C. 自然通风和强制通风　　　　　D. 行车通风

39. 在某些空调制冷系统中,安装在一个低压开关和(或)高压开关,用作压力控制和系统保护。对此技师甲说,低压开关一定安装在低压侧管路中。技师乙说有的低压开关也可以安装在高压管路中。(　　)

    A. 甲正确　　　B. 乙正确　　　C. 两人都正确　　　D. 两人都不正确

40. 在自动空调系统中,空调电脑通常与(　　)部件集成为一个总成部件。

    A. 压缩机继电器　　　　　　　　B. 空调操作面板

    C. 车身电控单元　　　　　　　　D. 熔断丝/继电器模块

41. 由于蒸发器表面温度低,容易出现(　　)现象,影响制冷效果。

    A. 结露　　　　　B. 结冰　　　　　C. 结霜　　　　　D. 结水

42. 汽车制冷系统中的制冷剂年泄漏量不得大于充填量的(　　)。

    A. 15%　　　　　B. 10%　　　　　C. 12%　　　　　D. 5%

43. 汽车空调压缩机泄漏检查方法有多种,但下列方法中(　　)不能采用。

    A. 卤素检漏仪　　B. 电子检漏仪　　C. 肥皂泡　　　D. 水压法

44. 发动机的空气滤清器堵塞,会加大汽车的(　　)排放量。

    A. CO　　　　　B. HC　　　　　C. NO_x　　　　　D. CO 和 HC

45. 当制冷剂含有水分时会出现(　　)现象。

    A. 脏堵　　　　　B. 冰堵　　　　　C. 气阻　　　　　D. 水堵

46. 制冷剂从节流元件进入蒸发器的瞬间是什么状态?技师甲说:全部是蒸气;技师乙说:几乎全是液体但含少量蒸气(闪气)。(　　)

A. 甲正确　　　　B. 乙正确　　　　C. 两人都正确　　D. 两人都不正确

47. 对于装有电子空气过滤器的汽车空调系统,在讨论外界空气通风门关闭的原因时,甲说:是由于空气清洁度传感器污染所致;乙说:当车内的一氧化碳浓度高时,此门关闭是正常现象。(　　)

A. 甲正确　　　　B. 乙正确　　　　C. 两人均正确　　D. 两人均不正确

48. 汽车空调制冷剂回收/净化/加注机工作的相对湿度应(　　)。

A. 小于60%　　B. 不大于80%　　C. 不大于85%　　D. 小于90%

49. 当制冷剂罐为空及罐内制冷剂容量超过(　　)时,制冷剂回收/净化/加注机自动报警或自动停机。

A. 60%　　　　B. 70%　　　　C. 80%　　　　D. 90%

50. 储罐内的液体制冷剂质量应不超过罐体标称灌装质量的(　　)。

A. 70%　　　　B. 75%　　　　C. 80%　　　　D. 85%

51. 在净化过程中测量制冷剂纯度,当纯度大于或等于(　　)时,可结束净化过程。

A. 80%　　　　B. 85%　　　　C. 90%　　　　D. 96%

52. 从高压端加注制冷剂时,小包装制冷剂储罐应(　　)。

A. 侧置　　　　B. 倒置　　　　C. 正置　　　　D. 没有要求

53. 在抽真空后检查压力表示值变化时,如压力稍有回升,最有可能是(　　)。

A. 抽真空不彻底　　　　　　B. 制冷装置中存在空气
C. 制冷装置中存在水分　　　D. 制冷装置中存在制冷剂

54. 使用电子检漏仪进行检漏时,其探头不得直接接触元器件或接头,并置于检测部位的(　　)。

A. 上部　　　　B. 侧部　　　　C. 中部　　　　D. 下部

55. 使用温度测试仪测量空调出风温度,应将温度探头装在(　　)。

A. 左侧除霜出风口　　　　　B. 左侧脚部出风口
C. 左侧中央出风口　　　　　D. 右侧脚部出风口

56. 对于空调制冷系统中的少量水分,技师甲认为可以通过加注新的制冷剂而除去;技师乙认为可利用车辆上的空调压缩机进行除湿处理。(　　)

A. 甲正确　　　　B. 乙正确　　　　C. 两人都正确　　D. 两人都不正确

57. 技师甲说,空气湿度对空调制冷性能有影响。技师乙说,紊乱的气流对空调制冷性能有影响。(　　)

A. 甲正确　　　　B. 乙正确　　　　C. 两人都正确　　D. 两人都不正确

58. 关于O形密封圈的讨论,技师甲说,R134a的O形密封圈都是黑色的;技师乙说R12的O形密封圈是蓝色或绿色的。(　　)

A. 甲正确　　　　B. 乙正确　　　　C. 两人都正确　　D. 两人都不正确

59. 在实际的维修工作中,经常使用的检漏方法是(　　)。

A. 电子检漏(卤素检漏)检查法　　B. 气泡(肥皂水)检查法

C. 荧光检漏法   D. 染料溶液检查法

60. 在更换压缩机油封时,技师甲认为可用冷冻机油来清洗轴封腔;技师乙认为也可用酒精进行清洗。(   )

　　A. 甲正确　　　　B. 乙正确　　　　C. 两人都正确　　D. 两人都不正确

61. 蒸发器中的制冷剂充满或匮乏哪种更坏?技师甲说制冷剂匮乏更坏,因为它导致冷却不良和产生过热现象;技师乙说制冷剂充满更坏,因为它导致冷却不良和液体撞击压缩机。(   )

　　A. 甲正确　　　　B. 乙正确　　　　C. 两人都正确　　D. 两人都不正确

62. 技师甲说,鼓风机变阻器的作用实现无级调速;技师乙说,鼓风机变阻器作用是实现梯级速度控制。(   )

　　A. 甲正确　　　　　B. 乙正确　　　　　C. 两人都正确　　　D. 两人都不正确

63. 空调制冷系统中不能凝结为液相的气体为非凝性气体,下列属于非凝性气体的有(   )。

　　A. 空气、冷冻机油蒸气　　　　B. 制冷剂 R134a

　　C. 制冷剂 R12　　　　　　　　D. 不纯净的 R134a

64. 在汽车维修过程中,为了减小对环境的污染,下列(   )需对制冷剂进行回收。

　　A. 凡涉及制冷剂循环系统的作业　　B. 凡涉及空调系统维修的作业

　　C. 凡涉及制冷不好的项目作业　　　D. 凡涉及制热不好的项目作业

65. 甲说:空调系统的问题能引起冷却系统问题;乙说:冷却系统问题能引起空调系统的问题。(   )

　　A. 甲正确　　　　B. 乙正确　　　　　C. 两人均正确　　D. 两人均不正确

66. 甲说:制冷剂加注前的空调系统抽真空时间最少要 30min;乙说:如果抽真空时间为 1～2h,则抽真空效果会更好。(   )

　　A. 甲正确　　　　B. 乙正确　　　　　C. 两人均正确　　　D. 两人均不正确

67. 某空调系统工作时出风口温度显得不够凉,关闭压缩机后出风口有热气。甲说:可能是发动机过热或制冷剂加得过量引起;乙说:可能是暖水阀关闭不严引起。(   )

　　A. 甲正确　　　　B. 乙正确　　　　　C. 两人均正确　　　D. 两人均不正确。

68. 测量空调系统压力时,如果低压侧压力偏低,高压侧压力正常。甲说:表明制冷剂充注不足;乙说:表示高压侧有堵塞现象。(   )

　　A. 甲正确　　　　B. 乙正确　　　　　C. 两人均正确　　　D. 两人均不正确

69. 在诊断风窗玻璃内水雾较多的故障时,甲说:由于蒸发器排水管阻塞造成空气湿润所致;乙说:可能是由于加热器芯漏水引起。(   )

　　A. 甲正确　　　　B. 乙正确　　　　　C. 两人均正确　　　D. 两人均不正确

70. 技师 A 说,如果真空泵润滑油混浊或者呈乳白色必须更换。技师 B 说,真空泵润滑油工作 25h 后必须更换。(   )

　　A. 仅技师 A 对　　　　　　　　　B. 仅技师 B 对

C. 技师 A 和技师 B 都对　　　　　D. 技师 A 和技师 B 都不对

71. 甲说真空泵用来清除系统中的湿气；乙说真空泵用来抽出系统中的空气。(　　)
    A. 甲正确　　B. 乙正确　　C. 两人均正确　　D. 两人均不正确

72. 技师 A 说，所有压缩机中的冷冻机油都可以通过低压侧的检修阀和高压侧的检修阀放出来。技师 B 说，大部分压缩机都有一个放油塞，拆下放油塞即可放出冷冻机油。(　　)
    A. 仅技师 A 对　　　　　　　　B. 仅技师 B 对
    C. 技师 A 和技师 B 都对　　　　D. 技师 A 和技师 B 都不对

73. 在(　　)操作前，需要进行制冷剂类型的鉴别和纯度的检测。
    A. 制冷剂回收/净化/加注设备与制冷装置连接前
    B. 准备进行加注操作前
    C. 准备进行回收操作前
    D. 需要进行散热系统的修理前

74. 制冷剂的净化是对回收的制冷剂进行循环过滤，使其能够重新利用的过程，净化操作过程不能排除(　　)物质。
    A. 非凝性气体　　　　　　　　B. 油
    C. 水、酸和其他杂质　　　　　D. R12 或者其他非 R134a 制冷剂

75. 使用制冷剂回收/净化/加注设备回收制冷剂时已完成一次净化循环。为提高净化效果，在制冷剂回收过程全部结束后，如纯度仍低于(　　)时，应再次对回收的制冷剂进行净化循环，并符合纯度要求。
    A. 96%　　　B. 98%　　　C. 95%　　　D. 90%

76. 在加注制冷剂前，应补充冷冻机油，建议的补充量为(　　)。
    A. 制冷剂净化时的排出量 +20mL
    B. 制冷剂净化时的排出量
    C. 制冷剂净化时的排出量 +40mL
    D. 制冷剂净化时的排出量 +50mL

77. 下列对于补充冷冻机油的说法，正确的是(　　)。
    A. 制冷装置应处于真空状态
    B. 当制冷装置中存有高压时，才能打开注油阀
    C. 当制冷装置中存有低压时，才能打开注油阀
    D. 可以随时加注冷冻机油

78. 制冷剂的加注是在制冷剂储罐与制冷装置间的压差下进行。下列说法错误的是(　　)。
    A. 高压端加注时，应关闭发动机，防止制冷剂储罐压力过高
    B. 不建议采用低压端加注，以避免产生"液击"现象，损坏压缩机
    C. 高低压同时加注提高速度
    D. 低压端加注时，应起动发动机，并注意控制低压表压力不要过高

79. 技师 A 说,R134a 制冷系统的 O 形圈安装前需涂抹矿物基冷冻机油;技师 B 说,制冷系统的 O 形圈安装前需涂抹一种专用润滑剂。( )

    A. 仅技师 A 对   B. 仅技师 B 对

    C. 技师 A 和 B 都对   D. 技师 A 和 B 都不对

80. 空调系统需要冲洗时,下列( )部件不需要冲洗。

    A. 冷凝器   B. 蒸发器   C. 软管和接头   D. 储液干燥器

81. 技师 A 说,当压缩机发生故障时,可以预料冷冻机油中含有金属颗粒;技师 B 说,故障压缩机内的冷冻机油将会有刺鼻的气味。( )

    A. 仅技师 A 对   B. 仅技师 B 对

    C. 技师 A 和 B 都对   D. 技师 A 和 B 都不对

82. 技师 A 说,蒸发器入口与出口之间的温差称为潜热;技师 B 说,蒸发器出口与压缩机入口之间的温差称为过热。( )

    A. 仅技师 A 对   B. 仅技师 B 对

    C. 技师 A 和 B 都对   D. 技师 A 和 B 都不对

83. 技师 A 说,汽车空调的理想过热是 5.6～11.1℃;技师 B 说,闪蒸气体是造成过热的原因之一。( )

    A. 仅技师 A 对   B. 仅技师 B 对

    C. 技师 A 和 B 都对   D. 技师 A 和 B 都不对

84. 节流装置内的滤网堵塞会引起( )。

    A. 吸气压力过低   B. 吸气压力过高

    C. 压缩机出口压力过高   D. 发动机过热

85. 大多数固定孔管制冷系统的维修项目是( )。

    A. 清洁滤网   B. 清洁孔管

    C. 清洁滤网和孔管   D. 清洗接头

86. 技师 A 说,如果恒温膨胀阀的入口滤网堵塞,可以对其清洗;技师 B 说,如果恒温膨胀阀的入口滤网堵塞,可以更换。( )

    A. 仅技师 A 对   B. 仅技师 B 对

    C. 技师 A 和 B 都对   D. 技师 A 和 B 都不对

87. 有一个空调压缩机的电磁离合器打滑。但连接到线束侧离合器引线的试灯并不点亮。技师 A 说,可能是离合器引线处的电压过低。技师 B 说,可能是试灯灯丝烧断。( )

    A. 仅技师 A 对   B. 仅技师 B 对

    C. 技师 A 和 B 都对   D. 技师 A 和 B 都不对

88. 技师 A 说,车内湿度是通过调节冷空气和热空气的混合比例实现的。技师 B 说,一旦车内温度保持适合,湿度并不重要。( )

    A. 仅技师 A 对   B. 仅技师 B 对

C. 技师 A 和 B 都对   D. 技师 A 和 B 都不对

89. 塑料真空罐泄漏可以使用(   )方法修理最好。

    A. 环氧树脂胶粘   B. 玻璃纤维填塞

    C. 电焊   D. 肥皂堵漏

90. 技师 A 说,如果制冷剂被回收就可以重复利用。技师 B 说,如果冷却液被回收必须进行适当处理。(   )

    A. 仅技师 A 对   B. 仅技师 B 对

    C. 技师 A 和 B 都对   D. 技师 A 和 B 都不对

91. 技师 A 说,在更换暖风水箱之前必须回收冷却液。技师 B 说,在更换蒸发器之前必须回收制冷剂。(   )

    A. 仅技师 A 对   B. 仅技师 B 对

    C. 技师 A 和 B 都对   D. 技师 A 和 B 都不对

92. 如何更换孔管空调制冷系统中的干燥剂?(   )

    A. 更换储液干燥器   B. 更换储液器

    C. 视情更换储液干燥器或贮液器   D. 储液干燥器和储液器均不需要更换

93. (   )故障最有可能引起液体制冷剂在压缩机中流动。

    A. 储液干燥器滤网堵塞   B. 储液器滤网堵塞

    C. 恒温膨胀阀失调   D. 节流管堵塞或受限

94. 技师 A 说,间歇制冷可能是由空调系统中有空气引起的。技师 B 说,空调系统中的湿气会导致制冷不足。(   )

    A. 仅技师 A 对   B. 仅技师 B 对

    C. 技师 A 和 B 都对   D. 技师 A 和 B 都不对

95. 冷冻机油变质的原因不包括(   )。

    A. 混入水分   B. 氧化   C. 污染   D. 混入了氮气

96. (   )故障最有可能导致空调制冷系统产生噪声以及间断制冷、制冷不足或不制冷。

    A. 熔断器熔断   B. 制冷剂加注过多

    C. 恒温器损坏   D. 传动带过松

97. 甲说:充注制冷剂过多可能引起压缩机噪声;乙说:加注冷冻机油过多可能引起压缩机噪声。(   )

    A. 甲正确   B. 乙正确   C. 两人均正确   D. 两人均不正确

98. 开启空调后发现蒸发器排水管口有水滴出,说明(   )。

    A. 发动机漏水   B. R12 液体泄漏

    C. 制冷循环良好   D. 加热器芯漏水

99. 膨胀阀毛细管没有与管路贴合,将会使空调系统(   )。

    A. 低压管过冷   B. 低压管过热   C. 不制冷   D. 高压管过热